AF497909

MEMOIRE,

OÙ l'on établit l'usage des Testamens Olographes dans les Pays de Droit Ecrit en général, dans ceux du Ressort du Parlement de Paris en particulier, & principalement dans le Mâconnois ;

AVEC l'Arrest rendu en la Grand'-Chambre le 27 Aoust 1749 pour cette derniere Province.

AVERTISSEMENT.

IL eſt ſi peu ordinaire d'imprimer un Mémoire après l'affaire
jugée, que je dois rendre compte des motifs qui m'y engagent.
La queſtion importante traitée dans ce Mémoire a été décidée en
1740 ſur les premieres Ecritures de l'Inſtance, du moins il n'y a
eu de ma part que des Réponſes à cauſes d'appel; & ce ſont ces Réponſes que je donne aujourd'hui en changeant ſeulement l'intitu-
lation. Cette queſtion avoit été fort conſultée par l'Adverſaire de la
veuve Michaud. Il rapportoit pluſieurs déciſions en ſa faveur de ce
que je connois de plus habile, toutes fondées ſur l'Arrêt de 1626
rendu pour le Foreſt. Lorſque l'Arrêt de 1740 parut, ceux de mes
Confreres qui me connoiſſoient voulurent voir mes Ecritures, com-
ptant y trouver les raiſons de décider qui avoient déterminé la Cour;
je leur lus ma minute, & ils eurent la bonté de m'en demander des
copies avec la note de l'Arrêt. J'étois trop flatté de leur demande
pour ne pas m'engager même légerement. Je promis ces copies, &
je me ſuis ſi peu ménagé là-deſſus, que mes engagemens ſe ſont in-
finiment multipliés: mais la difficulté juſqu'à préſent a été de les
tenir. J'ai tenté de faire faire des copies à la main, & j'ai été obligé
d'y renoncer. Outre la longueur d'une pareille opération, les premieres copies ont été ſi pleines de fautes, d'omiſſions, ſi défigu-
rées; elles m'ont conſumé un tems ſi conſiderable pour les corriger; j'ai eſſuyé tant de dégoûts dans cette correction, qui me fai-
ſoit repaſſer une infinité de fois ſur les mêmes choſes, que j'ai regardé l'impreſſion comme un moyen de remplir mes engagemens
& plus court & plus ſûr. Mᵉ Maſſon écrivoit pour le ſieur Bollot,
& il avoit dit tout ce qui ſe peut dire de bon & de ſolide contre
les Teſtamens olographes.

MEMOIRE

POUR Marie-Anne Gillet, veuve en premieres noces de Philippes Berthet, Marchand Epicier à Mâcon, & en secondes noces veuve & heritiere de Jean-Louis Michaud, Intimée.

CONTRE Jacques Bolot, Apotiquaire à Cluny, Appellant.

IL s'agit de sçavoir si les Testamens olographes seront admis dans la Province du Mâconnois, régie par le Droit écrit, & du Ressort de la Cour: cette question portée dans les deux Tribunaux de Mâcon, n'a pas fait l'ombre de difficulté. Ces premiers Juges, Dépositaires & Interpretes des Loix & des Usages de leur Province, n'ont point hésité à confirmer le Testament olographe qui fait l'objet de l'appel. Le Juge des rues franches de Mâcon, sur le vû seul du Testament de Jean-Louis Michaud, a mis par provision la veuve en possession de tous ses biens. Les Juges du Bailliage, sur les appels interjettés de l'Ordonnance du Juge des rues franches, ont déclaré le Testament bon & valable, & converti la main-levée provisionnelle prononcée par ce Juge en main-levée définitive. La veuve Michaud a tout lieu d'esperer, malgré les efforts de l'Appellant, que ce Jugement fondé sur l'usage constant & immémo-

A

rial du Mâconnois, fur les Loix particulieres qui le régiffent, fur les Loix générales du Royaume & de la Capitale, fur la Jurifprudence des Arrêts, fera adopté par la Cour, & qu'il interviendra enfin un Réglement qui en confirmant l'Ufage & la Loy de la Province, reprimera la cupidité de ces collatéraux avides que les Teftateurs ne doivent pas fatisfaire, qui ne réclament le titre facré du fang que lorfqu'il s'agit de s'en approprier les avantages, mais qui fe taifent toujours lorfqu'il eft queftion d'en remplir les devoirs ou d'en acquitter les charges, & devant qui alors le fang n'a plus de droits.

On reprendra les faits depuis la mort de Philippes Berthet, premier mari de la veuve Michaud. L'Appellant le croit inutile; ce n'eft pas à lui à convenir de l'avantage que nous pouvons tirer des faits qu'il juge à propos de paffer fous filence.

FAIT.

Marie-Anne Gillet avoit époufé en premieres noces Philippes Berthet, Marchand Epicier à Mâcon, qui lui avoit laiffé à fon décès des immeubles à la Ville & à la Campagne, un Commerce floriffant, un mobilier confiderable, en un mot une fortune au-deffus de l'aifée : Jean-Louis Michaud, fon garçon de boutique lors du décès, leva les yeux fur cette veuve ; les premiers tems de deuil paffés, il lui fit faire des propofitions de mariage.

On conviendra aifément qu'il étoit plein de bonnes qualités : Jean-Louis Michaud joignoit à une intelligence exacte de fon commerce, l'œconomie, l'application, la conduite, fi néceffaires pour réuffir. Ces talens avoient été remarqués par la veuve Berthet, & avoient peut-être fait leur impreffion ; réunis à la néceffité de foutenir une boutique déja achalandée, ils firent du moins écouter fes propofitions, & le mariage fut arrêté.

Un prompt confentement pour un établiffement auffi avantageux, fut toute la reffource qu'il trouva dans fa famille. Philibert Michaud & Magdeleine Bollot fes pere & mere qui demeuroient alors à Châlons-fur-Saone, lui envoyerent fur le champ un acte paffé devant Notaires le 25 Août 1710, qui contenoit leur confentement à fon mariage avec la veuve Berthet. L'exécution fuivit de près : Le 30 Août le contrat de mariage fut reçu par les Notaires de Mâcon.

Par ce contrat Jean-Louis Michaud fe conftitue une fomme de 100 liv. unique fruit de fes épargnes : il fe conftitue auffi les droits à venir dans les succeſſions futures de ſes pere & mere; mais droits chimeriques qui ne ſe ſont jamais réaliſés, & parce que ſes pere & mere n'avoient aucun bien, & parce qu'ils ſe retirerent peu de tems après à Magdebourg pour y profeſſer en liberté la Religion Prétendue Réformée qu'ils avoient malheureuſement embraſſée. Ils ſont décedés l'un & l'autre à Magdebourg en 1714.

. La veuve Berthet au-contraire ſe conſtitue 8000 liv. ſoit en meubles, effets & marchandiſes étant dans ſa maiſon d'habitation, ſoit en dettes actives portées ſur ſon livre de commerce, un domaine au Village de Dracé-les-Ollieres, un vignoble à Pouilly, un contrat de rente ſur les nommés Grand, & la maiſon où elle demeuroit à Mâcon.

Après avoir conſtaté leurs biens preſens, ils reglent par la ſtipulation d'une communauté ceux qui pourront leur avenir, & ils s'aſſocient par une clauſe reſpective, chacun pour moitié & égale portion en tous acquêts, gains & profits qu'ils pourront faire pendant & durant le mariage.

L'Appellant conviendra que ce que l'un & l'autre apportoit de fonds & de talens pour former cette ſocieté n'étoit pas égal : les talens de la femme auſſi eſſentiels que ceux de l'homme dans un commerce de détail, pouvoient être égaux; mais il n'y avoit aſſu. rement aucune proportion entre les fonds & le crédit que la veuve Berthet mettoit dans cette ſocieté, & les 100 liv. que Jean-Louis. Michaud y apportoit. Le crédit & l'argent ſont cependant les deux nerfs du commerce. Jean-Louis Michaud eut lieu de s'en appercevoir plus d'une fois. Avec ces ſecours, leurs ſoins communs réuſſirent, leurs travaux proſpererent de jour en jour, & en 1738 lors de ſon décès leur fortune s'eſt trouvée conſiderablement augmentée; ce qui ne ſeroit certainement pas arrivé ſans argent & ſans crédit.

Jean-Louis Michaud, comme on vient de le dire, eſt décedé en 1738 au mois de Janvier. Les vingt-huit années de mariage ſe ſont écoulées entre le mari & la femme dans l'union la plus parfaite & la plus exemplaire : les ſentimens de reconnoiſſance qu'il lui devoit, bien loin de s'être effacés de ſon cœur, s'y étoient gravés plus profondément par les heureux ſuccès. Ainſi Jean-Louis Michaud ſe trouvant ſans enfans, ſes pere & mere étant décedés dès 1714, comme nous l'avons obſervé, n'ayant pour heritiers que des collateraux éloignés qu'il ne connoiſſoit pas, & qui peut-être l'avoient oublié dans ſes beſoins, fit au mois de Septembre 1731 le Teſtament olographe dont il s'agit, non pas pour ſe délivrer des importunités de fa femme, & fçachant bien, comme l'Appellant n'a point honte de l'avancer dans fes caufes d'appel, que c'étoit un acte informe qui n'auroit jamais d'exécution, mais dans la foi qu'il faifoit un acte bon & valable, d'ufage dans fa Province, qui feroit exécuté, & pour fatisfaire à la reconnoiffance qu'il devoit à une femme qui avoit fait fa fortune, qu'il aimoit tendrement, & dont il étoit aimé. Le faire penfer autrement, c'eft fubftituer l'ingratitude la plus noire à la plus jufte reconnoiffance, & le dégrader gratuitement.

Par ce Teftament Jean-Louis Michaud, après quelques difpofitions pieufes, *inftitue Marie-Anne Gillet fa chere epoufe fon heritiere univerfelle en quoi que puiffe confifter fa fucceffion.* Il legue à chacun de fes parens qui pourroient prétendre à fon hoirie, la fomme de 3 liv. une fois payée. Il charge fon heritiere d'acquitter toutes fes dettes, frais funeraires, œuvres pies, & legs. Il caffe & annulle tous autres Teftamens & Codiciles qu'il pourroit avoir faits, quelque claufe dérogatoire qu'ils contiennent, &c.

A fon décès, arrivé fept années depuis la confection de ce Teftament, la veuve Michaud le préfenta au Juge des rues franches de Mâcon; ce Juge après l'avoir fait reconnoître par deux témoins, mit par provifion l'heritiere en poffeffion des biens. Les Juges du Bailliage confirmerent cette Ordonnance, & convertirent la poffeffion provifionnelle en poffeffion definitive par leur Sentence du 7 Juin. L'Appellant s'eft pourvû contre cette Sentence; il a fait intimer la veuve Michaud, &c.

On n'entrera pas dans un plus grand détail des procedures tenues devant les premiers Juges, où l'Appellant a foutenu & abandonné des moyens qu'il eft inutile de relever. Il s'eft enfin réduit devant eux à foutenir, comme il le fait en la Cour, que les Teftamens olographes font profcrits par le Droit Romain & par la jurifprudence des Arrêts dans les Provinces régies par ce Droit. Nous établirons trois propofitions diamétralement oppofées, après que nous aurons juftifié la veuve Michaud fur un reproche qui touche à fes fentimens, & qu'elle n'a pas mérité.

Jean-Louis Michaud eft decedé le 10 Janvier 1738, dit l'Appellant à la page 17 de fes caufes d'appel; *l'Intimée a foutenu cette épreuve avec une efpece d'heroïfme: car*, ajoute-t-il, *il n'y eut aucune interruption dans fon commerce, & la boutique demeura ouverte le jour même du décès.* S'il eft aifé de fentir le venin de ces paroles, leur peu de fondement n'eft pas moins aifé à appercevoir. La boutique eft demeurée ouverte le jour du décès, donc le commerce a continué, donc la veuve Michaud n'a point fenti la féparation qui venoit de fe faire, donc. . . . . . . Mais le commerce a-t-il véritablement continué ? la veuve Michaud a-t-elle paru dans sa boutique le jour du décès ? a-t-elle participé à tout ce qui s'y est fait ? Voilà ce qu'on ne peut pas dire. Le jour du décès on appofoit le fcellé à la requête du Procureur d'Office des rues franches de Mâcon, & la boutique étoit ouverte pour faciliter la defcription des effets & marchandifes. Les jours fuivans ont été employés à pourfuivre la main-levée des fcellés & des oppofitions : on fçait que ces premiers jours ne font pas ceux où une veuve peut s'abandonner librement à fa douleur. Les affaires fe multiplient autour d'elle : un fcellé, un inventaire, des actions actives & paffives, elle n'a pas le tems de verfer des larmes en paix.

MOYENS.

L'Appellant a difertement établi l'ufage des Teftamens nuncupatifs & folemnels dans les Provinces régies par le Droit Ecrit, & les folemnités prefcrites pour ces Teftamens. La préfence, la fignature des fept témoins, dit-il par-tout, ne font point de vaines cérémonies, des formalités purement extérieures ; ce font des formalités de l'effence, de la fubftance du Teftament même. On conviendra aifément de fes principes & de fes conféquences, tant qu'il les renfermera dans leurs efpeces ; & nous dirons avec lui que fi un Teftateur, foit dans une difpofition où il déclare fon intention en préfence des témoins, foit dans une difpofition myftique où fon intention demeure fécrette & cachée, omet la moindre des folemnités prefcrites par la Loy, fon Teftament fera nul & rejetté dans tous les Tribunaux. Mais s'enfuit-il de-là que le Teftament olographe, qui ne demande point toutes ces folemnités, ne foit pas reçû dans le Pays de Droit Ecrit du reffort de la Cour, & fur-tout dans le Mâconnois ? Non affurément. C'eft cependant ce qu'il falloit établir, & c'eft l'affirmative de cette queftion que nous allons démontrer, fans nous jetter avec l'Appellant dans la difcuffion de difficultés abfolument étrangeres, & en nous tenant invariablement à la feule queftion qui eft à traiter.

Trois propofitions bien fimples feront le partage de nos preuves, & répondront pertinemment aux moyens qui nous font oppofés.

Nous démontrerons fous la premiere propofition, que les Teftamens olographes font en général d'un ufage conftant & immémorial dans les Pays du reffort de la Cour régis par le Droit Ecrit, & en particulier dans la Province du Mâconnois.

Nous établirons fous la feconde, que cet ufage eft fondé fur le

Droit Romain qui a été observé de tous les tems dans ces Provinces, sur les Loix du Royaume, & sur les maximes & la jurisprudence de la Cour.

Enfin nous ferons voir sous la troisiéme, que la Cour n'a point jugé le contraire en 1626 pour le Forest, en 1725 pour le Beaujollois, & en 1737 pour le Mâconnois ; qu'en 1626 & en 1737 il ne
s'agissoit pas de Testamens olographes, & qu'en 1725 on ne prouvoit pas que ces Testamens fussent en usage dans le Beaujollois.

Avant de passer à l'établissement de ces trois propositions, il est
important, pour ne rien laisser à desirer, & pour répondre à tout,
de faire deux réflexions préliminaires, l'une sur la faveur que mérite le Testament olographe en lui-même, l'autre sur la faveur que
mérite en particulier le Testament dont il s'agit, & la personne
qui en est l'objet.

REFLEXIONS PRE'LIMINAIRES.

Premiere Ré-
flexion.

On n'entreprendroit point l'apologie des Testamens olographes,
s'il n'avoit pas plû à l'Appellant d'en faire la critique d'une maniere
indirecte à la vérité, mais d'une maniere trop claire & trop rebatue,
pour qu'on n'y réponde pas une bonne fois.

Ce Testament, que tous les Réformateurs de nos Coutumes ont
consideré comme le témoignage le plus certain de la volonté & de
la liberté des Testateurs, que l'illustre Christophle de Thou, ainsi
que le remarque Me Bretonnier, place dans la premiere cathégorie
des Testamens solemnels : ce Testament que la Loi elle - même
nous présente comme le remede le plus sûr que l'on puisse opposer à la suggestion & à la tyrannie de ces gens qui entourent les ma-
lades, qui les obsedent, qui les tiennent pour ainsi dire assiegés
dans leurs chambres & dans leurs lits, & les empêchent de tester :
Ii qui velut obsessos conclavibus suis solent custodire languentes, qui alio-
rum testatas prohibent esse voluntates. Enfin ce Testament que la Loi
n'autorise que parce qu'il est le fruit du tems & de la méditation, que
parce que le Testateur a eu tout le loisir d'en examiner, d'en peser,
d'en arranger les dispositions, que parce qu'il a pû les changer, les
reformer toutes les fois qu'il l'a voulu. *Quibus*, comme s'exprime
le Législateur, *nos licentiam tempusque largimur, ut voluntatem quam*
de rebus propriis conceperint frequenter scribant, frequenter retractent,
frequenter emendent, & quot voluerint diebus in tantâ præsertim causâ
meditatione versentur. Car, ajoute le Législateur, une pareille déli-
bération ne peut rien avoir laissé échaper de précoce, de peu réflé-

chi dans un acte que l'on a toujours été le maître de corriger. *Hæc enim deliberatio nihil immaturum relinquit, cui licebit sæpè dictata corrigere.* Ce Teſtament, diſons-nous, enviſagé par l'Appellant ſous tout un autre point de vûe, eſt, ſelon lui, le fruit ou de l'inattention, de la legereté du Teſtateur, ou de la ſéduction domeſtique, ſur-tout dans les Pays qui ſe régiſſent par le Droit Ecrit. La Loi Romaine, dit-il, donne une vaſte étendue à la liberté de diſpoſer: on ne connoît dans ces Pays ni propres, ni reſerves coutumieres qui puiſſent venir au ſecours d'un heritier dépouillé ; on n'y connoît qu'un ſeul & unique patrimoine dont la totalité eſt diſponible. On n'eſt point gêné dans le choix d'un heritier ; on peut laiſſer toute ſa ſucceſſion à des étrangers ; les maris & les femmes peuvent teſter librement en faveur les uns des autres. Comme la liberté eſt indéfinie, ajoute-t-il, cet acte demande par conſéquent plus de réflexion & de maturité ; or un Teſtateur dans un Teſtament public fait en preſence d'un certain nombre de témoins, penſe bien plus ſerieuſement à ce qu'il va faire, & ſe trouve moins expoſé à la ſéduction domeſtique. Mais qui ne ſent pas la fauſſeté de ce raiſonnement?

Premierement, ce n'eſt point parce qu'il y a des propres dans nos Coutumes, parce qu'elles font des reſerves en faveurs des heritiers du ſang, qu'elles ont adopté le Teſtament olographe: c'eſt, comme s'en expliquent tous les Auteurs, parce qu'elles ont enviſagé ce Teſtament comme l'expreſſion la plus pure & la moins ſuſpecte de la volonté des Teſtateurs. Il eſt des Coutumes d'ailleurs qui permettent de diſpoſer de la totalité des biens, & toutes en géneral laiſſent aux Teſtateurs la diſpoſition libre d'une partie de ces propres reſervés aux heritiers du ſang. Ajoutons que les fortunes immenſes ne ſont ordinairement compoſées que de meubles & acquêts, c'eſt-à-dire d'effets diſponibles ; & la ſucceſſion de Jean-Louis Michaud n'étant point immenſe, n'étant point compoſée de propres que l'on puiſſe dire qu'il enleve à ſa famille, n'étant compoſée que de purs effets mobiliers, dans nos Coutumes, comme dans le Mâconnois régi par le Droit Ecrit, il en auroit eu la libre diſpoſition.

Secondement, à qui perſuadera-t-on qu'un homme fait mieux ſon Teſtament en public, avec l'appareil d'un Notaire & de ſept témoins, ſouvent dans les langueurs & l'abbattement de la maladie, aux approches de la mort, qu'il ne le fait en particulier & dans le ſecret de ſon cabinet, pendant le cours de pluſieurs années, pendant des jours de ſanté & de repos, dans un tems où il eſt en état de réflechir ſur ſes véritables interêts, où il a la force de reſiſter à la ſéduction ſi on veut l'employer contre lui, où il a la force de rempli rexactement ce qu'il se doit , & ce qu'il doit aux autres , parce qu'il n'est point à leur égard dans l'assujettissement où réduit d'ordinaire la maladie ou la vieillesse ?.

Troisièmement, le Testament mystique ou solemnel que l'Appellant présente comme un Testament plus parfait que le Testament olographe, comme moins exposé à la suggestion, n'est pas non plus que celui-ci un Testament qui se fasse en public & devant sept témoins. C'est un acte que le Testateur écrit ou fait écrire dans le secret de sa maison, que souvent il ne signe pas, & qu'il remet à un Notaire clos & cacheté en présence de sept témoins à qui il déclare que c'est son Testament, le Notaire transcrit cette déclaration sur l'envelope, & il la signe avec le Testateur & les sept témoins. Qu'attestent-ils alors par leur signature & par leur présence ? Attestent-ils les dispositions de ce Testament qui ne leur a point été lû, qu'ils n'ont vû que clos & cacheté ? non sans doute. Ils attestent uniquement qu'un tel leur a dit que ce qui étoit renfermé sous cette envelope étoit son Testament ; & s'il s'agissoit ici de cette question, il seroit aisé de faire voir que la solemnité des témoins est bien de l'essence des Testamens nuncupatifs, de ces Testamens qui se faisoient d'abord sans écrit, qui ne consistoient qu'en une simple déclaration confiée à la mémoire des témoins, & que l'homme dicte aujourd'hui & fait rédiger par un Notaire, qui est lû & relû en leur présence, parce qu'alors ces témoins certifient, ces témoins garantissent en quelque sorte les dispositions qu'il contient ; mais que cette solemnité n'est point de l'essence du Testament mystique ou secret ; qu'elle n'entre pour rien dans ce qui le compose, dans ce qui en fait la substance ; que c'est à l'égard de ce Testament une formalité purement extérieure, qui n'y a été transportée que pour en assurer la conservation ; afin qu'un Testament dont sept témoins attesteroient l'existence ne pût pas être diverti à la mort du Testateur. Mais ce n'est point de quoi il s'agit ici : tout ce qui résulte de ces observations par rapport à nous, c'est que ce Testament ne mérite en lui-même aucune sorte de préférence sur le Testament olographe ; que bien loin de-là, pouvant être écrit indifféremment de la main du Testateur ou de celle d'une personne étrangere, la signature du Testateur n'étant point essentielle, il est plus sujet à la suggestion. Quoi de plus facile en effet à quelqu'un qui aura de l'empire sur l'esprit d'un pere de famille, que de composer un Testament, l'enfermer sous une enveloppe, le cacheter, & lui faire déclarer en présence de sept témoins que c'est son Testament ? ce qui est impossible dans le

Testament

Teſtament olographe qui doit être écrit d'un bout à l'autre de la main du Teſtateur, & ſigné à chaque page. Et quand on ſuppoſera que ce Teſtament ſecret contient véritablement l'expreſſion de la volonté du Teſtateur, ce ne ſera jamais qu'une volonté momenta-née, ſi l'on peut s'exprimer ainſi, ou du moins elle ne ſera jamais auſſi méditée, auſſi reflechie qu'elle l'eſt dans un Teſtament olographe que le pere de famille a eu ſans ceſſe entre ſes mains & ſous ſes yeux, qu'il a pû corriger, changer, perfectionner pendant tous les jours de ſa vie : Teſtament que Domat lui-même ne ſçauroit s'em-pêcher de regarder *comme autant ou plus autentique que les Teſtamens faits en preſence de temoins*, & dont il ne ſe diſpenſe de parler que parce qu'ils ne ſont pas d'un uſage univerſel.

Loix Civ. ſe-conde part. liv. 3 , tit. premier, ſect. premiere des Teſtamens.

Nous terminerons cette premiere réflexion par ce que dit Ri-card ſur l'Ordonnance de 1629, qui n'a pas été reçûe dans la plû-part des Parlemens. *Il eſt pourtant à ſouhaiter*, dit cet Auteur, *qu'il en intervienne une autre qui ſoit generale par tout le Royaume, & qui éta-bliſſe l'uſage des Teſtamens olographes par une juriſprudence univerſelle ; parce que cette eſpece de Teſtament eſt ſans doute la plus facile, & en mê-me tems la plus ſûre pour faire connoître la volonté du Teſtateur, puiſqu'il dépeint lui même par cette voye les ſentimens de ſon ame & ſes propres in-tentions.* Effectivement dans la penſée où eſt ce pere de famille de diſpoſer par Teſtament, peut-il mieux manifeſter ſa volonté qu'en l'écrivant entierement de ſa main, & en la ſignant ? Quels moyens de ſuggeſtion, de violence, peut-on ſuppoſer dans un pareil acte ?

Des Donations, premiere partie, ch. 3. ſect 5, nomb. 1489.

· De la faveur que mérite en géneral le Teſtament olographe, ſi nous paſſons à la faveur que le Teſtament dont il s'agit mérite en lui-même, & par rapport à la perſonne qui en eſt l'objet, on verra que rien au monde n'eſt plus indécent que la critique de l'Appel-lant.

Seconde réfle-xion.

En lui-même ce Teſtament, quoique conçû en peu de paroles, préſente l'image d'une volonté mûre & bien refléchie. Rien de plus mal imaginé que la critique qui roule ſur la brieveté de l'acte. *Quin-que verbis poteſt quis facere teſtamentum, ut dicat : Lucius Titius mihi hæres eſto* La Loy 1. §. ff. *de hæred. inſtit.* nous apprent que l'on peut faire ſon Teſtament en cinq mots, & qu'il ſuffit de dire : *Lucius Ti-tius ſoyez mon heritier.* Il s'en faut bien que le Teſtament que l'on cri-tique ſoit dans une forme ſi abbregée : il a toute l'étendue qu'il doit avoir. Le Teſtateur ordonne d'abord de ſa ſepulture, il en charge l'heritiere qu'il va nommer, & il veut qu'elle s'acquitte de ce de-voir avec le moins de cérémonie qu'il ſera poſſible. Il fait enſuite deux legs pieux, l'un en faveur des pauvres de la Ville, l'autre en faveur des pauvres de l'Hôpital, modiques à la vérité, mais chacun est maître de ses libéralités, & les dispense comme il lui plaît. Il nomme & institue son heritiere universelle Damoiselle Marie-Anne Gillet, sa chere & bien-aimée épouse, en termes clairs & formels, à la charge de payer ses dettes, ses frais funéraires, les legs & les œuvres pies. Il legue à chacun de ses parens qui pourroient prétendre à sa succession, une somme de 3 l. une fois payée, & enfin il casse & annulle tout autre testament & codicile qu'il pourroit avoir fait, quelques causes dérogatoires qu'ils contiennent. Il veut que ce Testament seul ait son entiere execution ; il date le jour & l'année ; & il le signe au bas des deux pages qu'il contient. Manque-t-il quelque chose à l'expression de la volonté de Jean-Louis Michaud, & l'auroit-il mieux rendue avec un plus grand nombre de mots ? Ce Testament fait, il persiste dans la même volonté pendant sept années entieres : le Testament est du 30 Août 1731, & Jean-Louis Michaud n'est décedé que le 10 Janvier 1738.

Mais quelle est celle qu'il institue son heritiere ? Une femme, & c'est ici le lieu d'appliquer les faits que nous avons posés, une femme qui l'avoit retiré du sein de la misere dans un tems où il étoit abandonné de ses parens, de ceux même qui réclament aujourd'hui sa succession. Une femme qui avoit bien voulu partager avec lui les avantages d'un premier mariage. Sans laquelle, malgré tous ses talens pour le commerce, il n'auroit jamais rien fait, parce qu'on ne fait rien de rien, ou du moins parce qu'on ne réussit qu'avec des peines & des longueurs infinies. Une femme qui non-seulement l'avoit aidé de sa fortune, mais qui avoit contribué au succès pendant vingt années de son propre travail, de sa propre industrie, & avec qui tout avoit été commun. Dans ces circonstances l'Appellant peut s'obstiner à regarder ce Testament comme l'ouvrage de la séduction & des importunités de l'Intimée, nous le regarderons toujours comme l'ouvrage de la réflexion & de la gratitude de Jean-Louis Michaud, & nous plaindrons l'Appellant de ce qu'il en est réduit à croire le cœur humain capable de se rendre à des sollicitations, à des importunités, & de résister à la reconnoissance.

Cependant comme il arriveroit, malgré la faveur de ce Testament & de la personne, que l'on n'auroit rien fait en l'établissant, si on n'établissoit en même-tems son usage dans la Province où il a été passé ; on va le faire sous les trois propositions annoncées.

PREMIERE PROPOSITION.

Les Testamens olographes sont en général d'un usage constant & immémorial dans les Pays de Droit écrit du Ressort de la Cour, & en particulier dans le Mâconnois.

Pour peu que l'on soit versé dans l'histoire du Droit, il est facile de remonter à l'origine des Testamens olographes, & d'en établir l'usage constant & immémorial dans les Provinces que nous appellons aujourd'hui du Droit écrit, & sur tout dans la Province du Mâconnois, où le Testament dont il s'agit a été fait.

Nous trouvons cette origine dans la premiere Loy écrite des Romains, c'est-à-dire dans la Loy des douze Tables que les Décemvirs apporterent de la Grece après le bannissement de Tarquin : *uti pater familias super familia pecuniave rei sua legasset, ita jus esto.* De quelque maniere, porte cette Loy, en quelque forme qu'un pere de famille ait disposé de ses biens ou de sa famille, que ce soit une Loy. La Loy des douze Tables admet expressément par ces mots toutes sortes de formes de tester, & nous voyons dans l'Histoire & dans un nombre infini de textes du Digeste, que le Testament olographe a été depuis en usage chez les Romains : quelques exemples suffiront pour le prouver.

Suétone nous apprend dans les vies d'Auguste & de Tibere, que leurs Testamens étoient purement olographes. Grotius remarque sur le titre du Digeste *qui testam. fac. poss.* que Ciceron, qui devoit assurément être bien instruit des Loix de son pays, avoit fait aussi un Testament purement olographe. Ulpien dans la Loy *Quotiens 9. §. 1. de hared. instit.* décide qu'un legs fait d'une chose pour une autre n'est pas valable, soit que le Testateur ait écrit lui-même son Testament, soit qu'il l'ait dicté, *sive ipse scripsit, sive scribendum dictaverit.* Scevola qui vivoit ainsi qu'Ulpien dans le deuxiéme siécle, rapporte la formule d'un Testament olographe, fait en des termes que M. Dargentré ne lisoit jamais sans les baiser, comme respirant la simplicité & la candeur des premiers tems. *Hac ego*, nous dit M. Dargentré sur l'article 444. de l'ancienne Coutume de Bretagne, *verba soleo exosculari ut prisci spiritus & aboriginum candorem respirantia.* Voici ces termes qui representent d'une maniere bien sensible un Testament purement olographe. *Lucius Titius hoc meum Testamentum scripsi sine ullo Jurisperito, rationem animi mei potius secutus, quam niviam & miseram diligentiam ; & si minus aliquid legitimè, minusve perite fecero, pro jure legitimo haberi debet*

Margin notes: *Capit. ult.* — *L. Luc Titius 88. §. ult de legat. 2.*

hominis fani voluntas. Nous n'avons point d'expreſſions qui puiſſent en rendre l'énergie : Moi Lucius Titius j'ai écrit mon Teſtament ſans y appeller aucun Juriſconſulte, en ſuivant plutôt les ſentimens de mon cœur, qu'une trop grande & ſervile exactitude; & s'il ſe trouve que j'ai fait quelque choſe par ignorance, ou contre la Loy, ou contre la forme, la volonté d'un homme ſain doit être regardée comme une loy juſte. Le même Scevola conſulté pour ſçavoir ſi un legs fait par Titia dans un Teſtament olographe *Teſtamento facto manu ſua,* en faveur de Callimaque ſon eſclave, & pour récompenſe de ſes ſervices, étoit valable, & ſi on pouvoit en demander la délivrance aux heritiers, répond que le legs ne ſçauroit valoir par la raiſon ſeule que le Teſtament eſt écrit de la main de la Teſtatrice, puiſque d'ailleurs il eſt fait en fraude de la Loy à une perſonne incapable. *Reſponds non idcirco quod ſcriptum eſt exigi poſſe in legis fraudem relictum ;* & Accurſe nous aſſure dans la gloſe que ce Teſtament étoit bon & valable en lui-même, parce que cette honnête femme ſçavoit écrire : *Teſtamentum fecit ſuâ manu, ſciebat enim ſcribere.* Enfin nous apprenons de Pline, Liv. 2, Epit. 16. en quelle autorité, en quelle veneration étoient chez les Romains les Teſtamens écrits de la main des Teſtateurs. On lui conſeilloit de ne point exécuter le Codicile d'Acilianus qui l'avoit fait ſon heritier en partie, parce que ce Codicile n'étoit pas confirmé par le Teſtament : Voici ce que Pline répond. » Je me ſuis » fait une eſpece de loy d'accomplir les volontés des défunts com- » me parfaites, quoiqu'elles pêchent contre le droit reçu. Il eſt cer- » tain que ce Codicile eſt de la main d'Acilianus, cela me ſuffit ; & » quoiqu'il ne ſoit pas confirmé par ſon Teſtament, je ne laiſſerai » pas de l'exécuter comme s'il l'étoit. *Ego propriam quamdam legem mihi dixi ut defunctorum voluntates etiam ſi jure deficerentur, quaſi perfectas tuerer. Conſtat autem Codicillos iſtos Aciliani manu ſcriptos : licet ergo non ſint confirmati Teſtamento, à me tamen ut confirmati obſervabuntur.*

Tel étoit l'état des Loix Romaines par rapport aux Teſtamens olographes, avant & depuis que Jules Ceſar eût conquis les Gaules. Tout le monde ſçait que les Provinces ſituées au de-là de la Loire, la Provence, le Languedoc, le Dauphiné, le Lyonnois, & tout le pays que l'on trouve ſur les bords de la Saone en la remontant, furent les premieres aſſujetties. Ces Provinces reçurent bientôt les mœurs & les Loix des Romains ; elles parlerent leur langue, & devinrent pour la plupart Provinces de l'Empire. Nous ignorons quelles etoient les Loix & les mœurs de ces peuples par rapport à la vie civile ; nous apprenons feulement du Vainqueur que leurs Loix, leurs mœurs, & leurs langues étoient toutes diffe-rentes, & qu'ils étoient preſque toujours en guerre. Ils reçurent les Loix qui concernoient les fucceſſions comme les autres ; & ſoit que le Teſtament olographe s'y trouvât deja etabli, ſoit qu'il y fût apporté par les Romains, il eſt conſtant qu'il y a eté en uſage comme à Rome juſqu'au cinquiéme ſiecle.

Au commencement du cinquiéme ſiecle, l'an 435, les Empe-reurs Théodoſe le jeune & Valentinien III. publierent un nou-veau Code compoſé des Livres des Juriſconſultes, par lequel ils confirmerent le Code Gregorien l'Hermogenien ; ils mirent dans leur compilation la Loy *hac conſultiſſima*, & ils tranſporterent au Teſtament myſtique ou ſecret la formalité des ſept témoins, dès long-tems etablie pour le Teſtament nuncupatif. Cette Loy paſ-ſa bientot de Rome dans tous les pays qui etoient ſous ſa domi-nation, & ſur-tout dans les Gaules : mais comme on ne parloit point dans cette Loy du Teſtament purement olographe, que ce Teſtament ne s'y trouvoit ni abrogé ni confirmé expreſſément, les uns ſoutinrent qu'il étoit effectivement abrogé par cette Loy, les autres qu'il ne l'etoit pas, & il s'éleva à Rome une conteſtation ſur un Teſtament de cette eſpece fait par une Dame nommée *Pe-lagia*, que les mêmes Empereurs terminerent, en déclarant le Teſta-ment bon & valable, par une conſtitution particuliere ; & bientot après ils confirmerent l'ancien droit en faiſant une Loy générale de ce reſcrit privé. *Ne tamen*, diſent-ils dans leur Novelle 4 *de Teſtam. hujus ſtatuti ſalubritatem generi negemus humano, manſurâ jugiter lege decernimus, ut quiſquis per olographam ſcripturam ſupre-mum maluerit ordinare judicium, habeat liberam facultatem noſtræ poſt-hac beneficio ſanctionis inteſtatus nemo morietur, cui fuerit ſollicitudo teſtandi late viam ſupremis aperimus arbitriis, ſi olographâ manu Teſta-menta condantur, teſtes neceſſarios non putamus. Idcirco illuſtris & præ-celſa magnificentia tua juſtiſſimam legem & cunctis generaliter profutu-ra in omnium celeriter ire notitiam propoſitis jubebit edictis, ut facile poſſit agnoſci noſtrarum ſublimitas ſanctionum* Les Gaules, comme nous l'avons obſervé, faiſoient encore partie de l'Empire dans le tems de ces conſtitutions ; ainſi on ne peut pas douter que les Edits n'y ayent été publiés, & que l'ancien uſage des Teſtamens olographes ne s'y ſoit maintenu.

Lors de la deſtruction de l'Empire en Occident par les Francs & par les Viſigoths, les Loix Romaines y furent toujours reſpec-tées, & ne reçurent aucune atteinte de ces Barbares. Le Code Théo-

Argou, Histoire du Droit François.

dofien fut même le livre qui fe conferva le plus long-tems dans les Gaules après la ruine de l'Empire, & plufieurs de nos Auteurs modernes croyent avec raifon que c'eft ce que l'on appelloit communément *la Loy Romaine*. On en découvre des traits dès les premiers tems de notre Monarchie. Clovis fit une Ordonnance qui portoit que les Gaulois feroient toujours régis par le Droit Romain, & qui laiffoit la liberté aux François de le fuivre. Clotaire fon fils en fit une à fon imitation, par laquelle il ordonna que toutes les affaires des Romains, c'eft-à-dire des Gaulois, feroient jugées felon les Loix Romaines. *Negotia caufarum Romanis Legibus præcipimus judicari*, ce font fes termes. Et Gregoire de Tours parlant d'un certain Andarchius qui étoit au fervice de Sigebert, Roi d'Auftrafie, fils de ce Clotaire, dit qu'il étoit très-fçavant dans la Loy Théodofienne.

Les Vifigoths qui poffedoient l'Efpagne & une partie de l'Aquitaine, & qui fe répandirent, pendant les guerres de Clovis contre les Romains & contre les Rois de Bourgogne, dans le Languedoc, dans la Franche-Comté, & dans le Lyonnois qui faifoit partie du Royaume de Bourgogne, eurent le même refpect pour la Loy Romaine. Alaric, fils d'Evaric, qui commença à regner en 466, fit faire pour les Romains un abregé du Code Theodofien par Anien fon Chancelier, & le fit publier dans la Ville d'Aire en Gafcogne. Cet abregé fut autorifé en 506, dans une Affemblée des Evêques & des Nobles ; & il comprenoit tout le Droit Romain alors en ufage, tiré tant des trois Codes que des Livres des Jurifconfultes. Dans leurs Loix particulieres & qui n'étoient que pour eux, les Vifigoths, comme le remarque Ricard, approuverent les Teftamens olographes dans la même forme que nous les pratiquons aujourd'hui, écrits & fignés de la main des Teftateurs. On en trouve une Loy bien expreffe dans le Recueil des Loix des Vifigoths : *Manù propria fcribat ea quæ ordinare defiderat : Dies quoque & annus habeatur in eis evidenter expreffus : Dein toto fcripturæ textu confcripto rurfum auctor ipfe fubfcribat.*

Liv. 2, tit 5, chap. 16.

Gondebaud l'un des derniers Rois de Bourgogne, & Réformateur des Loix de ce Royaume qui ont depuis été appellées *Gombettes* de fon nom, fait une mention honorable des Loix Romaines dans l'Ordonnance qu'il fit publier à Lyon en 501, la deuxiéme année de fon Regne ; on y trouve à la fin un article conçu en ces termes. *Inter Romanos ficut à parentibus noftris fancitum eft, Romanis Legibus præcipimus judicari.* Le Moine Marculphe qui vivoit fous la premiere Race de nos Rois, rapporte plufieurs formules

des Teſtamens qui étoient en uſage dans ces tems-là, & il paroît
qu'ils étoient tous olographes. En un mot il eſt conſtant que ſous
la premiere Race de nos Rois, le Code Théodoſien que l'on appelloit *la Loy Romaine*, formoit le droit commun des Gaules. Aga-
thias nous atteſte que les Francs mêmes la ſuivoient dans les contrats & dans les mariages, & Aymoin & Ducheſne nous racontent
que Dagobert & les Grands du Royaume dépouillerent dans une
aſſemblée publique les enfans de Sadrageſile, Duc d'Aquitaine,
de ſa ſucceſſion, pour n'avoir pas, conformement à ces Loix, ven-
gé la mort de leur pere.

Enfin pour nous renfermer dans notre eſpece, nous avons deux
Teſtamens, l'un de S. Remy, Evêque de Rheims, & l'autre de
S. Yrier, qui ne laiſſent pas là deſſus le moindre doute. S. Remy dit
que s'il arrive que le Teſtament *qu'il a compoſé* ſelon le droit du
Préteur, ne puiſſe pas valoir ſelon ce droit, il veut qu'il vaille
comme Codicile. *Ego Remigius Epiſcopus Remorum, Sacerdotii com-*
pos, Teſtamentum meum condidi jure prætorio ; atque id jure Codicillo-
rum valere præcepi, ſi ei aliquid juris videbitur defuiſſe. S. Yrier nous
marque d'une maniere encore plus poſitive, que les Teſtamens
olographes étoient en uſage non-ſeulement ſelon le nouveau Droit
Romain, mais ſelon l'ancien. Voici comme il s'exprime : *Quod*
Teſtamentum noſtrum ſi caſu jure civili, aut Prætorio, aut cujuſlibet No-
vellæ conſcriptione, vel veteris valere non potuerit, ad vicem Codicillo-
rum valere jubemus. Ces mots *vel veteris* ſont bien remarquables :
» S'il arrivoit que mon Teſtament ne pût pas valoir par le Droit Ci-
» vile, par le Droit du Préteur, ou par quelqueNovelle que ce ſoit,
» *même par les anciennes,* je veux qu'il vaille comme Codicile.

Les Loix, qui avoient fleuri ſous la premiere Race, ſe ſoutinrent
ſous la ſeconde. Charlemagne qui venoit de réunir à ſon empire les
Royaumes des Francs, des Bourguignons, des Viſigoths, & des
Lombards, laiſſa vivre chaque peuple ſelon ſes mœurs & ſes uſages.
Il fit écrire en 788 le Code Théodoſien ſur l'exemplaire d'Alaric,
Roi des Viſigoths, dont nous avons parlé ; & comme l'obſerve
M. Argou, c'eſt d'Alaric & de Charlemagne que nous tenons tout
le Code Théodoſien, ou plûtôt l'abbregé de tout ce que ce Code
contenoit. Charlemagne ne s'en tint pas là : il ordonna de l'enſei-
gner dans tous ſes Etats ; il établit des Profeſſeurs à Lyon, & il en-
joignit aux Magiſtrats de le ſuivre dans leurs Jugemens. Les Capitulaires de ce Roi, ceux de Louis le Débonnaire ſon fils, & de
Lothaire ſon petit-fils, ne changerent rien à la Loy Romaine.
Ils la laiſſerent ſubſiſter en ſon entier dans les lieux où elle étoit

Aymonius de geſt.
Francor. lib. 4. Cap.
18.

Ducheſne, Hiſ-
toir Franc. tom.
premier, ch. 35.

Flodoard, Hiſt.
Remenſ. lib. 1. cap.
18.

Mélange cu-
rieux du P. Lab-
be, ch. 2. § 5.

suivie, & l'on voit singulierement le soin que les Rois de la seconde Race eurent de la conserver par un article des Capitulaires de Charles le Chauve, où après avoir établi une peine contre ceux qui se servent de fausses mesures, il ordonne que dans les pays sujets à la Loy Romaine, les coupables seront punis suivant cette Loy; & il ajoute que ni lui ni ses predecesseurs n'ont jamais prétendu rien ordonner qui y fût contraire. *In illis autem regionibus in quibus secundùm Legem Romanam judicantur judicia juxta ipsam Legem committentes talia judicentur, quia super illam Legem vel contra ipsam Legem nec antecessores nostri quodcumque capitulum statuerunt, nec nos aliquid constituimus : de illis autem qui secundum Legem Romanam vivunt, nihil aliud nisi quod in eisdem continetur Legibus definimus.* Ce qui est souvent repete dans le même Edit; & ce seroit vouloir se refuser à l'evidence, que de ne pas entendre par la Loy Romaine, que Louis le Debonnaire appelloit *la mere de toutes les Loix*, le Code de Théodose, que Gregoire de Tours nomme *le Livre de la Loy Théodosienne*, & qu'Alaric & Charlemagne avoient fait écrire & publier. Le Code & les autres Livres de Justinien n'étoient point connus dans les Gaules retranchées de l'Empire depuis plusieurs siecles. Nos Rois lorsque ses Livres parurent, étoient en guerre avec lui à cause du titre de *Francicus*, de vainqueur des François, qu'il se donnoit; & depuis, ses Loix n'y furent point reçues. Elles n'étoient observées de son tems qu'en Grece, en Illyrie, & dans la partie de l'Italie qui lui obeissoit. C'est ce que nous attestent M. Bignon dans ses notes sur les anciennes formules de Marculphe : *sed Justinianeum jus*, dit M. Bignon, *ne dum in Galliis usu receptum fuisse*; Godefroy dans ses Prolegomenes sur le Code Théodosien, le P. Sirmon dans son Appendice du même Code, M. Argou dans son Histoire du Droit François; & comme nous le démontrerons dans un moment, les Livres de Justinien n'y furent connus que vers le milieu du douziéme siécle.

Pendant l'anarchie & la confusion du dixieme siécle, sur la fin de la seconde & au commencement de la troisieme Race, la Loy Romaine, la Loy Théodosienne fut assurément celle qui se soutint le plus long-tems, & qui lutta, comme la plus générale, comme celle des Ecclesiastiques & des gens lettrés, contre la barbarie des Hongrois, des Normands, des Danois, & des autres peuples du Nord qui se répandirent dans la France & qui y causerent tant de ravages. On remarque dans les Jugemens de ces tems-là, dans les Coutumes qui commencerent à se former, des vestiges de cette Loy; & on peut dire avec une sorte de certitude, qu'une Loy qui

avoit

avoit été obfervée pendant cinq à fix cent ans, ne fe perdit pas tout-à-coup, & fe conferva au moins par tradition dans quelques parties effentielles, comme les Contrats, les mariages, les Teftamens, &c. On pourroit même avancer, fans trop donner aux conjectu-res, que les Teftamens olographes furent ceux qui fe maintinrent le plus long-tems dans ces fiécles de defordre, d'ignorance, & de barbarie, comme les plus faciles & les plus naturels; enforte que dans le XIIe fiécle, lorfqu'on commença en France à étudier le Droit de Juftinien, lorfqu'il eut paffé de Boulogne en Italie, où un Allemand nommé *Irnier* ou *Warnier* l'enfeignoit publique-ment, à Montpellier & à Touloufe, où on en fit les premieres leçons bien avant même l'établiffement des Univerfités; ce Droit ne fut d'abord entendu, fuivant la remarque de M. Argou, que fort imparfaitement, & ne prévalut point fur les ufages établis de-puis plufieurs fiécles; & fondés fur l'ancien Droit de ces Provin-ces. Il prévalut encore moins fur ces ufages dans les Provinces du Lyonnois, Foreft, Beaujollois, & Mâconnois, plus voifines des Pays que nous appellons *Pays de Coutumes*, affujetties à un Par-lement qui ne reconnoiffoit point le Droit Romain, & où le Droit de Juftinien n'eft parvenu que vers la fin du dix-feptiéme fiécle en 1679, foit à caufe de la Décretale d'Honorius III. qui défen-doit à toutes perfonnes d'enfeigner ou d'apprendre le Droit Ci-vil à Paris & aux lieux circonvoifins, fous peine d'interdiction de la fonction d'Avocat, & d'excommunication de l'Evêque Diocé-fain, foit qu'il y en ait eu d'autres raifons que l'on ignore.

Hift. du Droit François.

Jean-Juvenal des Urfins & Brodeau nous ont confervé la Re-quête des enfans du Duc d'Orleans, affaffiné par les ordres du Duc de Bourgogne, préfentée au Roi Charles VI. On voit dans cette Requête, que le Code de Théodofe formoit encore le Droit général de la France dans le quinziéme fiécle. Voici comment ces Princes s'expliquent fur l'obligation de pourfuivre le meur-trier de leur pere..... » Nous fommes à ce obligés, & nous eft » recommandé *par le Droit à très grandes & très-groffes peines*, c'eft » à fçavoir *à peine d'encourir tache d'infamie, de non être cenfes ou ré-* » *putés fes enfans, ne lui appartenir en aucune maniere, être réputés* » *indignes de fa fucceffion, de fon nom, de fes armes & de fa Seigneu-* » *rie, &c.*

J. Juv. des Urf. Hift. de Charles VI. Brod. fui Louet, let. H. ch. 5. n. 6.

La même chofe paroît manifeftement dans le procès fait à Jean II. Duc d'Alençon, fous Louis XI. Jean-Juvenal des Ur-fins, qui y affifta comme Archevêque de Rheims & premier Pair du Royaume, s'excufa d'aller aux opinions, parce qu'il vit l'af-

Dupuv, Actes du Proès de Jean II. Duc d'Alen-çon.

faire difpofée à l'exécution de la Loy *Quifquis*. Mais il remarque que l'on fit bien de juger fuivant cette Loy : *Comme grandement a été montré*, ce font les termes, *par plufieurs notables perfonnes, qui felon leur confcience ont bien délibéré en alleguant & fondant fort fur la Loy Quifquis.*

Du Tillet, Secretaire du Roy, & Greffier du Parlement fous Charles IX. dit que *les Vifigoths dominants ès Pays de Droit Ecrit avoient reçûs le Code Théodofien & Loix Romaines, qui leur demourerent pour Coutumes apres qu'ils furent ajoutés à la Couronne de France.*

Ce qu'il y a de bien certain, c'eft que dans toutes ces Provinces, même dans le Languedoc, dans la Provence, dans le Dauphiné, dans la Guyenne, le Droit de Juftinien ne fut pas obfervé à la rigueur. Elles retinrent prefque toutes leurs Coutumes & leurs ufages particuliers. Tout le monde connoît les Statuts de Provence & de Forcalquier, la Coutume de la Viguerie pour la ville & banlieue de Touloufe, les ftatuts de la Breffe, donnés par les anciens Barons, cadets de la Maifon de Savoye, recueillis par Charles Revel ; les Statuts du Dauphiné, accordés par les anciens Dauphins de Viennois, rapportés à la fin des queftions de Guy Pape, & par M. Salvaing dans fon Traité de l'ufage des fiefs ; la Charte appellée *La Sabaudine*, qui contient les privileges & franchifes de la ville de Lyon accordés par Pierre de Savoye, fon Archevèque & fon Seigneur temporel ; enfin les differentes Coutumes du Parlement de Bordeaux. Tout le monde
Maynard, liv. 6. ch. 46.

La Roche-flavin, des droits Seigneur. ch. 13. art 8.

Guy Pape & Chorier, queft. 257 pag. 240.

fçait que le retrait lignager a lieu dans l'étendue des Parlemens de Provence & de Guyenne, dans le Rouergue & le Quercy qui relevent du Parlement de Touloufe, & dans les villes de Romans en Dauphiné, de Briançon en Franche-Comté, qui relevent du Parlement de Grenoble. Tout le monde fçait que la communauté entre maris & femmes eft regie dans les provinces régies par le Droit Ecrit, & que cette ftipulation, auffi bien que le retrait lignager, eft admife dans le Mâconnois. A Lyon le mariage émancipe le fils de famille ; on y obferve le titre de la Coutume de Paris concernant les fervitudes ; on y connoît comme dans le Foreft & dans le Mâconnois, les profits de fiefs, les lods & ventes, les milods ; l'acquereur eft tenu de reprefenter fon contrat, & le faire enfaifiner par le Seigneur, qui pour prévenir les fraudes peut faire eftimer l'heritage : c'eft ce que nous attefte Chopin par rapport à ces dernieres Provinces, fur la foy d'un Avocat du Foreft. *Claudius Mondinus*, dit-il, *patria Foreftenfis, in hoc Senatu Patronus caufarum eximius, nobis fuggeffit aliquot morum*

De communi. Gallic. conjugal. trafcrip. pars 2. quaeft. 2.

iftorum capita, qui fine fcripto fervantur à conterraneis fuis, vicinifque Populis Romano Jure etiamdum utentibus. Ce qui a fait dire à un ancien Auteur du Pays dans fon apologie contre un livre intitulé *Catacrife* du Droit Romain : *En notre petit Lyonnois y a certaines ufances & coutumes defquelles l'on pourroit faire preuve par turbes, & l'on en attend la defcription véritable par M. Nicolas de Langes fort ancien & expérimenté.* Et comme nous l'apprenons encore de Mᵉ René Chopin, à l'endroit cité ; M. Larcher, Confeiller en la Cour, pour éviter la longueur & les frais de ces enquêtes par turbes, fe propofoit une rédaction des Coutumes du Lyonnois & *du Mâconnois* dans la forme de nos autres Coutumes. *Michael Larcherius, Senator Parifienfis, quum Regio mandato præeffet Lugdunenfi Jurifdictioni ann. 1569. & 1570. moliri cœpit publicam quandam Lugdunenfium & Matifconenfium morum compilationem ac defcriptionem eâ penè formulâ quâ noftrorum mnnicipiorum confuetudines redactæ funt fcriptis.*

Il réfulte invinciblement de ces obfervations, que le Droit de Juftinien, comme nous l'avons avancé, n'a jamais été fuivi à la rigueur dans les Provinces régies par le Droit Romain, & que, comme s'exprime M. Argou, il y eft refté beaucoup de Coutumes différentes. Parmi ces Coutumes on y trouve affurément l'ufage des Teftamens olographes établi d'abord dans tous les Pays de Droit Ecrit en général, & enfin reftraint & confervé en particulier & invariablement dans les Provinces du reffort de la Cour, & fur-tout *dans le Mâconnois*. Ce qui eft encore démontré pour peu que l'on fe foumette à l'autorité des Magiftrats & des Jurifconfultes qui nous en rendent témoignage.

M. Boyer, Profeffeur de Droit à Bourges, enfuite Confeiller au Grand-Confeil, & enfin Préfident à Mortier au Parlement de Bordeaux, dit en propres termes dans fes décifions & dans fon Commentaire fur la Coutume de Berry, fait pendant le tems qu'il profeffoit à Bourges le Droit de Juftinien, que par la Coutume générale de la France on ne demande point tant de folemnités pour les Teftamens, & que le Teftament écrit & figné de la main du Teftateur eft valable fans témoins ni cachet. *De confuetudine generali Franciæ valet Teftamentum fcriptum & fignatum manu Teftatoris, abfque teftium fignis & figillis De confuetudine Franciæ non tanta folemnitas eft requifita, fed fufficit quod fit fignatum manu Teftatoris etiam fine teftibus.*

Le Procès-verbal de la Coutume de Bourgogne porte à l'article 4. titre des Succeffions, qu'un Teftament valablement fait

& felon raifon, s'entend quand les formalités de Droit font ob-
fervées : il porte à la fin que tous les cas obmis feront reglés fuivant le Droit Ecrit, ce qui fait que la Bourgogne dans notre
efpece peut être mife au nombre des Pays régis par ce Droit. Cependant M. Chaffeneu, qui, après avoir exercé long-tems en la
Cour la profeffion d'Avocat, y fut Confeiller, & enfuite choifi
pour remplir la place de Premier Préfident au Parlement d'Aix,
confulté différentes fois fi les Teftamens olographes étoient valables dans la Coutume de Bourgogne, a toujours décidé qu'ils
l'étoient : *Confului pluries, & dixi*, ce font fes termes, *quod valet
Teftamentum, du modo fcriptum & fignatum fit manu Teftatoris.*

M. Colombet, qui a profeffé le Droit Civil à Paris, & qui a
été Confeiller en la Cour, dit expreffément dans fon abbregé
de la Jurifprudence Romaine fait pour le Grand Condé, & où
il ne mit affurément que des maximes certaines, que quoiqu'il
ne foit pas fait mention dans les Livres de Juftinien des Teftamens olographes, l'ufage les a reçûs fuivant *la Novelle de Valentinien.*

In Galliis, nous dit Chopin fur la Coutume d'Anjou, *in Galliis*,
dans toutes les Gaules, dans toute la France indiftinctement,
*nuda fcriptura à folo Teftatore confecta & fubfignata, vim habet fu-
premi judicii.*

Pyrrhus, fur l'ancienne Coutume d'Orleans, tient le même
langage ; & Laurent Bouchel aux additions de fa Bibliotheque
du Droit François, *verbo Teftament.* ajoute qu'il eft conftant
que *la Novelle de Valentinien* a été *reçûe par tout*, comme plus
équitable & plus conforme à la raifon : nous parlerons de l'Arrêt qu'il rapporte pour le Lyonnois.

MM. Omer & Denys Talon, portant la parole dans des caufes où il s'agiffoit de deux Teftamens olographes, l'un fait dans
la Coutume d'Angoumois, & l'autre dans le Lyonnois, fe déclarent pour cette forme de tefter, la regardent comme la meil-
leure, & réfutent l'opinion de ceux qui foutiennent que Juftinien
a dérogé à la Novelle de Valentinien par les Loix *hac confultiffima & cum antiquitas.*

Enfin pour paffer du Pays de Droit Ecrit en général, aux Provinces particulieres qui relevent de la Cour, nous trouvons dans
les arrêtés de M. le Premier Préfident de la Moignon, un arrêté
qui regle les formes de tefter pour les Pays de Droit Ecrit &
de Coutumes, & qui les fixe à quatre; fcavoir, *l'olographe*, la
folemnelle ou publique, la fecrette ou myftique, & la militaire.

Le Teſtament olographe avoit toujours été adopté par ce premier Magiſtrat ; ce n'étoit point en lui une nouvelle opinion. Quelque tems auparavant, portant la parole en qualité d'Avocat Géneral dans la cauſe des Rougeaults, il avoit averti le Barreau de tenir pour maxime que la Cour avoit autoriſé le Teſtament olographe dans tous les Pays de ſon reſſort, tant du Droit Ecrit, que de Coutumes. Nous pouvons ajouter à un témoignage auſſi reſpectable, celui de Mes Auzanet, de Fourcroy, Lhoſte, Ragueneau, de Gaumont, Bilain, &c..... célebres Avocats de ce Parlement, qui ont rédigé ces arrêtés.

Me Jean Ricard, que l'on nous oppoſe, a dit à la vérité ſur le fondement de l'Arrêt de 1626, rendu pour le Foreſt, que le Teſtament olographe n'étoit pas valable dans le Pays du Droit Ecrit du reſſort de la Cour ; mais il fait, quelques nombres plus bas, une rétractation bien formelle & bien authentique. Voici comment elle eſt conçûe : » Il y a quelques Pays dans ce Royau- » me, leſquels, quoique ſoumis au Droit Civil, ne gardent pas » exactement les Loix du Corps de Droit de Juſtinien, & ont » beaucoup d'uſages qu'ils ont tiré *du Code Théodoſien, duquel* » *la Novelle de Valentinien fait partie, & en conſéquence les Tſta-* » *mens olographes y ont lieu* ; ce qui s'eſt vérifié par une enquête par » turbes faite en la ville de Toul..... Ce jourd'hui, ajoute-t-il, » 4 Janvier 1673, étant en conſultation avec MM. Iſſalis & Se- » ver, Avocats, ils m'ont dit qu'il étoit depuis quelque tems in- » tervenu des Arrêts rendus en ce Parlement, *qui ont confirmé des* » *Teſtamens olographes* dans les Provinces du Lyonnois, Beaujol- » lois, *Mâconnois,* & Auvergne, régies par le Droit Ecrit ; qu'il y » a même un de ces Arrêts rendu en la Cinquiéme Chambre des » Enquêtes, *& que la réſolution de MM. du Parlement eſt de juger* » *de la ſorte* ». MM. Iſſalis & Sever, comme l'obſerve Me Bretonnier, étoient l'un & l'autre originaires de ce Pays, & Secretaires de la Cour ; ils étoient par conſéquent bien inſtruits de ſes ſentimens, & des uſages de leur Pays.

M. Argou après avoir parlé de tous les Teſtamens en uſage dans notre Droit François, ajoute : « Il y a encore une autre eſpece de » Teſtament appellée *olographe,* que la Juriſprudence des Arrêts a » confirmé *dans les pays de Droit écrit qui ſont dans l'étendue du reſſort* *du Parlement de Paris* ; ce qu'il nous donne pour maxime.

Henrys, que Me Bretonnier ſon annotateur appelle *le Juriſconſulte* par excellence du Pays de Droit écrit du reſſort de la Cour, traite notre queſtion dans deux endroits de ſes ouvrages. Dans le

Des Donat part. 1. ch. 5 ſect. 5. nomb. 1490. & 1491.

premier il semble douter que la Cour par l'Arrêt de 1626, ait voulu abroger le Testament olographe dans le pays de Droit écrit de son ressort. *Quelque profonde vénération*, dit Me Bretonnier dont on emprunte les termes, & qui a beaucoup servi dans tout ce que l'on a écrit jusqu'à present ; *quelque profonde vénération qu'il eût pour les Arrêts de la Cour, il a de la peine à se rendre à la décision de celui de Perret.* Dans le second, Henrys décide formellement que le Testament olographe est valable en pays de Droit écrit ; que l'Arrêt de 1626 n'a point fait changer cette maxime, cet Arrêt étant intervenu dans une espece particuliere. Il rapporte quatre Arrêts contraires & ajoute : » Nous ne pouvons assurer si cet Arrêt » & le précedent (l'Arrêt de Saint-Flour & celui d'Aurillac) ont » établi une regle générale pour les Pays de Droit, ou si c'est une » Jurisprudence & Loy particuliere pour le haut pays d'Auver- » gne . . . . . . mais s'il est permis d'en ouvrir notre sentiment, nous » estimons plutôt l'un que l'autre, sçavoir que *la Cour a entendu fai-* » *re valoir le Testament olographe pour tous les Pays de Droit écrit par* » *une Coutume générale reçue en France* ; & il transcrit en finissant un passage d'Alciat, qui confirme ce que nous avons dit jusqu'ici de l'autorité du Code Théodosien. » *Jure Codicis Theodosiani dirimen-* » *dam esse Testamentorum materiam* IN GALLIA, *Germania, Italia, &* » *præcipue in Augustania*, ALVERNIA, ET APUD BITURIGES PROVIN- » CIAS, &c.

Tom. 2, liv. 5, quest. premiere, Me Bretonnier appelle ce tome *Codex repetitæ prælectionis.*

Me Bretonnier a défendu cet usage en 1725 dans la Cause de l'Epinay ; on voit qu'il prend plaisir à chaque ligne de ses annotations sur Henrys, de marquer son sentiment, & l'Appellant est forcé d'en convenir.

Alciat, lib. 4. paregon. cap. 25.

Mais on ne s'écarta pas seulement du Droit de Justinien pour les Testamens olographes, on s'en écarta même pour les Testamens nuncupatifs & secrets dans les formalités essentielles & de rigueur ; & comme l'observe Domat, il y a des lieux qui se régissent par le Droit écrit, où deux témoins avec un Notaire ou deux Notaires sans autres témoins suffisent pour les Testamens.

Loix Civ. liv. 5, tit. 1, sect. 3, de la forme des Testamens.

Les Arrêts de 1725 & de 1737 que l'on nous oppose, & que nous discuterons sous la troisiéme proposition, n'ont pas assurément porté plus d'atteinte aux Testamens olographes, que l'Arrêt de 1626. L'usage de ces Testamens a conservé dans ces Provinces, & sur tout dans le Mâconnois, toute sa force, toute son autenticité ; & nous en avons pour preuves l'acte de notoriété produit en 1725 dans le Procès de l'Epinay, où l'on voit que les Officiers du Bailliage de Mâcon attestoient d'une maniere bien précise, que le

Droit écrit étoit exactement observé dans le Mâconnois, *& que suivant icelui le Testament olographe y étoit en usage* ; la Sentence dont l'appel est porté en la Cour, & un nombre infini de Sentences rendues dans les differentes Jurisdictions de cette Province, par lesquelles il paroît que les Officiers qui y président, fondés sur cet usage constant, n'ont jamais hésité à les confirmer ; enfin un acte de notorieté du 30 Avril 1740, émané du Bailliage & Siége présidial de Mâcon, sur les conclusions du Ministere public, & de l'avis des Avocats & Procureurs du Siége. Les termes dont s'est servi le Ministere public sont essentiels & decisifs : l'Avocat du Roy qui portoit la parole, atteste ›› qu'il est notoire *que les Testa-* ›› *mens olographes* ont lieu dans l'étendue du Bailliage de Mâcon, ›› tant en ligne directe que *collaterale, même entre les maris & fem-* ›› *mes & en faveur des étrangers :* que si l'on compulsoit les Greffes, ›› l'on en rapporteroit un nombre infini ; que ce sont même les ›› Testamens qui sont *les plus usités,* pourquoi il consent que l'acte ›› de notorieté requis soit accordé, &c...... Cet acte de notorieté sera produit, & on en produira de pareils des autres Siéges de la Province si la Cour le juge necessaire.

Ces actes, ces témoignages sans nombre qui appartiennent veritablement à notre cause, comparés aux autorités que l'Appellant nous a citées, & aux deux actes étrangers qu'il vient de produire, on ne croit pas que ces derniers puissent soutenir le choc de la comparaison ; on ne croit pas même que ce soit bien serieusement qu'il nous les oppose. Le premier du 5 May 1738, est un acte de notorieté du Bailliage de Montbrison, par lequel les Officiers de ce Siége attestent que les Testamens olographes ne sont ni reçus ni admis dans le Forest en faveur des collateraux & des étrangers ; *& notamment,* porte cet acte, *depuis l'Arrêt de Reglement rendu au Parlement de Paris en 1626 pour cette Province, qui oblige de tester suivant les formalités requises par le Droit écrit* Le second du 18 Mars 1739 est un acte de notorieté de la Senechauffée de Lyon, par lequel les Officiers de ce Siége attestent que les Testamens olographes n'ont lieu dans leur ressort qu'*inter liberos.*

Quel rapport, quelle application peuvent avoir ces deux actes dans notre espece ? Il s'agit de prouver que les Testamens olographes sont ou ne sont pas d'usage dans la Province du Mâconnois. L'Intimée soutient l'affirmative & la prouve assurément. L'Appellant embrasse la négative ; & au lieu de prouver que les Testamens olographes ne sont pas reçus dans le Mâconnois comme il s'y engage, il rapporte deux actes qui prouvent que ces Testamens ne font pas reçus dans le Lyonnois & le Foreſt. Peut-on montrer d'une maniere plus frappante la diſette où l'on eſt de preuves?

Que prouvent encore ces actes & ſur tout celui Montbriſon? c'eſt une remarque qui ne ſera pas inutile. Ils ne prouvent pas que ces Teſtamens, conformément au Droit de Juſtinien, n'ont jamais été en uſage dans ces Provinces; mais ce qui fait pour notre cauſe, ce qui fortifie les preuves que nous avons rapportées, ils établiſſent que ces Teſtamens ne ſont plus admis depuis l'Arrêt de 1626; & par une conſéquence auſſi juſte qu'elle eſt naturelle, ils établiſſent que ces Teſtamens étoient admis, étoient d'uſage avant l'Arrêt de 1626. C'eſt cet Arrêt que les Juges de ces Provinces ont ſans doute mal interpreté, comme nous le ferons voir, qui a fait changer un uſage conſtamment obſervé juſques-là ; mais comme nous n'avons point d'Arrêt de 1626 pour le Mâconnois, & qu'un Réglement fait pour le Foreſt ne ſçauroit s'étendre à une Province pour laquelle il n'eſt point intervenu, nous pouvons dire avec la plus grande confiance, que l'uſage des Teſtamens olographes eſt demeuré dans toute ſa force à l'egard du Mâconnois ; qu'il n'a reçu aucune atteinte des differens changemens arrivés dans les Provinces voiſines, de quelque maniere que ces changemens ſe ſoient introduits, ſoit d'eux-mêmes & par un uſage contraire, ſoit par une fauſſe interpretation des Arrêts de la Cour.

SECONDE PROPOSITION.

Cet uſage eſt fondé ſur le Droit Romain, ſur les Loix du Royaume, ſur les maximes & la juriſprudence de la Cour.

La premiere partie de cette propoſition ſe trouve déja établie. En prouvant que les Teſtamens olographes ont été en uſage & chez les Romains & dans les Gaules, nous avons remonté juſqu'à la ſource, & nous l'avons rencontrée dans une Loy bien préciſe des douze Tables. De quelque maniere, en quelque forme, dit cette Loy, qu'un pere de famille ait ordonné de ſa famille & de ſes biens, que ce ſoit une Loy : *uti pater familias ſuper familia pecuniave rei ſua legaſſet, ita jus eſto.* Nous avons fait voir enſuite que les Empereurs Théodoſe & Valentinien n'avoient fait par leur Novelle 4, que confirmer un uſage fondé depuis pluſieurs ſiécles ſur la Loy des douze Tables, & que l'on croyoit attaqué dans la Loy *hac conſultiſſimâ* ; de ſorte qu'il ne reſte ſur cette premiere partie qu'à répondre aux objections que l'Appellant nous a faites d'avance dans ſes cauſes d'appel.

On

On les réduira à deux principales : la premiere tirée des Loix *hac consultissima & cum antiquitas*, de la Novelle 107, & de la constitution *de Justinianeo Codice confirmando* : la seconde tirée du traité qui fit rentrer les Mâconnois en 1238 dans la Maison de France, & des Lettres Patentes de Philippes-le-Bel, appellée *la Chartre Philippine*.

Les Loix *hac consultissima & cum antiquitas*, dit l'Appellant, n'admettent que deux sortes de Testamens, le Testament nuncupatif, & le Testament mystique ou secret, & l'un & l'autre avec la formalité essentielle des sept témoins. Elles proscrivent tout autre forme de tester: » *Non subscriptum autem à testibus ac non sig-* » *natum Testamentum pro infecto haberi convenit.* La Loy *cum antiquitas* n'adopte le Testament olographe du pere de famille, qu'entre ses enfans, *inter liberos.* La Novelle 107 le reprouve formellement à l'égard de la femme & de tout autre étranger. La Loy, ajoute-t-il, est trop impérieuse pour en éluder l'autorité. Cujas, Perezius, Balde, Accurse, tous les Interpretes du Droit Romain, qu'il réduit cependant à ces trois ou quatre, conviennent de la nécessité des témoins, &c....... La Novelle 4 de Valentinien a été abrogée par ces Loix, & sur-tout par la fameuse Constitution *de Justinianeo Codice confirmando*, par laquelle l'Empereur déroge expressément aux Constitutions des trois anciens Codes (du Gregorien, de l'Hermogenien, & du Théodosien) qui ne se trouveront point inserées dans sa compilation; & il défend aux Plaideurs & aux Avocats d'y avoir égard, même de les citer dans leurs Plaidoyers, sous peine de faux. Le Code Justinien est d'ailleurs le seul qui soit enseigné dans les Ecoles, sur lequel les Magistrats soient interrogés dans les Tribunaux; & le Mâconnois, continue l'Appellant, est assujetti à ses Loix par un titre particulier, & par un titre général. Il est dit dans le contrat de vente de 1238 qui fit passer le Comté de Mâcon dans les mains de S. Louis, que cette Province continuera d'être régie par le Droit écrit. Il est dit dans les Lettres Patentes de Philippes-le-Bel, que ces Provinces seront jugées dans les Tribunaux suivant le Droit Civil, &c.

Cinq réponses bien simples & bien pertinentes à ces objections.

En premier lieu, les Loix *hac consultissima & cum antiquitas*, suivant le sentiment de M. Omer Talon que nous avons déja cité, n'ont aucun rapport au Testament olographe. Ce Magistrat dit expressément que ceux qui les appliquent à cette forme de tester, & qui prétendent qu'elles l'abrogent, *les interpretent mal.* Et en effet ces Loix ne parlent que du Teſtament nuncupatif & du Teſtament myſtique ; & elles décident relativement à ces deux eſpeces, & non pas relativement aux Teſtamens olographes dont elles ne parlent pas, que la ſolemnité des ſept témoins eſt eſſentielle, & que s'il en manque un ſeul, ou que le Teſtament ne ſoit pas ſigné de quelqu'un de ces témoins, & cacheté de ſon cachet, il doit être regardé comme imparfait, comme nul, *pro infecto haberi convenit.*

En ſecond lieu, en donnant à l'objection de l'Appellant toute la force qu'elle peut recevoir, il n'eſt pas vrai de dire que la Loy *hac conſultiſſ ma* ait dérogé à la Novelle 4 des Empereurs Théodoſe & Valentinien : cette Loy eſt des mêmes Empereurs ; elle eſt antérieure, & aſſurément les Loix anterieures ne dérogent pas aux poſtérieures. L'ordre n'eſt point renverſé : *Leges poſteriores derogant prioribus*, ce ſont les poſtérieures qui dérogent aux premieres ; principalement dans notre eſpece où il s'agiſſoit de rétablir un Teſtament obmis dans la Loy *hac conſultiſſima*, & où il paroît manifeſtement que l'intention de ces Empereurs a été d'y déroger en tant que beſoin, & de ſuppléer à l'obmiſſion.

A l'égard de la Loy *cum antiquitas*, de la Novelle 107, & de la Conſtitution *de Juſtinianeo Codice confirmando*, qui ſont véritablement des Loix de Juſtinien, nous pouvons ſoutenir avec confiance que ces Loix n'ont ni abrogé le Teſtament olographe, ni dérogé à la Novelle de Valentinien. C'eſt une ſimple omiſſion que l'on ne ſçauroit qualifier d'abrogation ou de dérogation. Autre choſe eſt omettre, comme le dit Dumoulin, autre choſe eſt abroger ou déroger. On n'abroge point une Loy, on n'y déroge point par le ſeul ſilence & par une ſorte de prétérition. Nous apprenons d'Ulpien comment on abroge des Loix, comment on y déroge, comment on y ſubroge, & comment on y obroge. *Lex aut abrogatur, id eſt prior Lex tollitur ; aut derogatur, id eſt pars prima tollitur ; aut ſubrogatur, id eſt adjicitur aliquid primæ Legi ; aut obrogatur, id eſt mutatur aliquid ex primâ Lege.* Dans toutes ces formules il eſt certain que l'expreſſion de l'abrogation, de la dérogation, de la ſubrogation eſt indiſpenſable ; qu'il faut néceſſairement exprimer que l'on abroge une telle Loy, ou que l'on déroge à une telle partie de cette Loy. Il ne ſuffit pas d'abroger ou de déroger d'une maniere générale & vague, il faut abroger ou déroger d'une maniere ſpeciale & determinée. Nous liſons dans un fragment de la Loy des douze Tables : *Per ſaturam Legis ne abrogato vel derogato. Saturæ* eſt un mot grec, ainſi que l'explique Me Bretonnier, qui ſignifie *en gros, en general.* C'eſt le ſentiment de Me Charles Dumoulin :

Conſtitutio generalis non derogat ſpeciali Legi : & il nous en fournit deux exemples dans ſes conſeils, que nous nous contenterons de parcourir. Ancien ſtile du Parlement, part. 7, numo. 104.

L'Empereur Alexandre décide ſur la Loy *ſi pater puella*, au Cod. *de inoff. Teſtam.* que la ſubſtitution réciproque entre les deux enfans fait ceſſer la plainte d'inofficioſité; parce que, dit l'Empereur, par cette reſtitution fidei-commiſſaire, la portion de la mere & du frere pouvoit revenir à la fille qui ſe plaignoit : *Cum ex hujuſmodi fideicommiſſaria reſtitutione, tam matris quam fratris ejus portio ad eam poterat pervenire.* Juſtinien veut dans la Loy *Quoniam eod. tit.* que la légitime ſoit laiſſée aux enfans franche & quitte de toutes charges, ſans parler de la ſubſtitution réciproque. Queſtion de ſçavoir ſi la Loy *Quoniam* déroge à la Loy *Si pater puella.* Dumoulin dit que non. Et pourquoi? Parce que la Loy *Quoniam* ne contient pas une dérogation expreſſe à la Loy *ſi pater. Textus,* ſes termes ſont remarquables, *in Lege ſi pater puella uti eſt ſpecialis deciſio, cui per jura generalia poſtea ſecuta non derogatur, ſed magis illis derogat.* Conſil. 7, n. 60.

Les Lettres Patentes données pour la réformation des Coutumes, & les Procès-verbaux dreſſés lors de leur rédaction, défendent aux Avocats de citer d'autres Coutumes. Dumoulin ſoutient cependant que cette défenſe n'eſt faite que pour les Coutumes qui contiendroient quelque choſe de contraire ou de dérogatoire, & il nous fait ſentir la difference qu'il y a entre l'omiſſion & l'abrogation. *Non eſt facta prohibitio allegandi alias conſuetudines niſi contrarias vel derogantes. Aliud de diverſis & omiſſis ; aliud omſſio, aliud abrogatio.*

En troiſiéme lieu, dès qu'il eſt évident que c'eſt ici une omiſſion & non pas une dérogation ou une abrogation, il s'enſuit que la Novelle de Valentinien concernant les Teſtamens olographes, aura en France le même ſort, dans le Droit même de Juſtinien, que la Novelle de Valentinien concernant les Teſtamens mutuels entre perſonnes mariées. Juſtinien a également omis dans ſon Code de parler de ce Teſtament, cependant il eſt reçu dans le pays de Droit écrit en vertu de la Conſtitution de Théodoſe & de Valentinien. M. Bignon nous l'aſſure dans ſes notes ſur les anciennes formules de Marculphe, chap. 17. *Formula eſt Teſtamenti mutui inter conjuges, quod poſt Novellam Theodoſii & Valentiniani frequentari cœpit* Et le Teſtament olographe eſt d'autant plus favorable dans ce Droit, que l'on peut dire que Juſtinien, loin de le proſcrire, l'a autoriſé, l'a adopté, ſoit en permettant d'inſerer dans le Digeſte les décisions des anciens Jurisconsultes qui déclarent ce Testament valable, soit en donnant force de Loy à ces décisions, & par sa préface sur les Institutes, & par le titre *De concept. digest.* soit enfin par la Novelle 22 où il dit en propres mots, que le Testateur dispose & ce sera une Loy : *Disponat Testator & erit Lex*, & où il rappelle pour fonder sa décision, la Loy des douze Tables que nous avons citée, & qui établit incontestablement cette forme de tester : *Uti pater familias super familia pecuniave rei sua legasset, ita jus esto.*

Cap. 2.

En quatriéme lieu, que ce soit une simple omission dans le Droit de Justinien qui puisse être suppléée, comme nous venons de l'établir ; que ce soit une abrogation, une dérogation formelle ; que le Testament olographe ait été véritablement proscrit & par les Loix *hac consultissima & cum antiquitas*, inserées dans le Code, & par la Novelle 107, & par la Constitution *de Justinianeo Codice confirmando* ; cela devient indifferent par rapport à nos Provinces de Droit écrit. Les Loix de Justinien, dans le tems qu'elles ont été publiées, l'an 530, n'ont point passé les bornes de son Empire, qui étoient alors extrêmement resserrées. Il n'y avoit en Europe que deux Provinces qui lui obéissoient paisiblement, la Grece & ce qui dépendoit du Préfet du Prétoire d'Illyrie. Les Espagnes & les Gaules avoient été retranchées de l'Empire Romain depuis plus d'un siécle. La Germanie n'en avoit jamais été. Les Goths se défendoient encore dans l'Italie contre Belizaire, & les Lombards y entrerent peu de tems après que les Goths en furent chassés. Desorte que le Droit de Justinien n'étoit observé que dans la Grece, dans l'Illyrie, & dans la partie de l'Italie qui lui étoit encore soumise, c'est-à-dire, dans la Romagne & ce qui forme aujourd'hui les Terres de l'Eglise, dans le Royaume de Naples, & dans la Sicile. Ce Droit n'eut force de Loy que dans ces Provinces : dans les Gaules, nous en avons porté la preuve jusqu'à la démonstration, il y fut inconnu pendant plus de six cent ans. Durant ce long espace de tems on ne connut, on ne suivit que le Code des Empereurs Théodose & Valentinien, que l'on appelloit *le livre de la Loy Théodosienne*, & plus communément *la Loy Romaine*, qui admettoit bien expressément le Testament olographe, & qui avoit été reçu comme Loy lors de sa promulgation, parce que dans ce tems-là les Gaules faisoient encore partie de l'Empire.

Argou, Hist. du Droit Franc.

Au douziéme siécle, lorsque l'on vint à étudier le Droit Romain, ce fut à la verité sur les livres de Justinien ; le Code de Théodose s'étoit perdu : mais on ne regarda pas dans les Gaules les Livres de Juſtinien comme une Loy imperieuſe émanée du Prince, dont il ne fût pas permis de s'écarter. Ces Livres étoient venus d'Italie ſans autorité; les Provinces qui les reçurent y mélerent leurs Coutumes & leurs Uſages, ſoit comme nous l'avons dit que ces Uſages & ces Coutumes euſſent pour fondement l'ancien Droit qui y avoit été ſuivi, ſoit qu'ils ſe fuſſent introduits pendant l'anarchie du dixiéme ſiécle. Dans la ſuite lorſqu'on eut recouvert les trois premiers Codes, ces Provinces embraſſerent tout ce qui compoſoit en général le Droit Romain; elles ne s'en tinrent pas ſervilement au Code de Juſtinien. Ce qui ſe trouva omis dans ce Code par rapport aux Teſtamens olographes, aux Teſtamens mutuels, &c..... y fut ſuppléé ſur le Code de Théodoſe. La Loy avoit d'abord introduit l'uſage de ces diſpoſitions, elle s'étoit perdue, l'uſage s'étoit conſerve, & elle ne fit que le confirmer lorſqu'elle reparut. C'eſt ce que nous apprenons de tous les Interpretes du Droit François que nous avons cités, & dont l'autorité eſt certainement preferable à trois ou quatre Interpretes du Droit Romain, qui en expliquant des Loix qui parlent des Teſtamens nuncupatifs & ſecrets, & qui en preſcrivent les ſolemnités, diſent relativement à ces Teſtamens, & non pas relativement au Teſtament olographe qui n'eſt point dans l'objet de la Loy, que la formalité des témoins eſt de l'eſſence, eſt de la ſubſtance du Teſtamenst.

En cinquiéme lieu, on voit dans cet état combien foible eſt l'objection particuliere tirée du traité de 1238, qui fit repaſſer le Mâconnois dans la Maiſon de France; & l'objection générale tirée des Lettres Patentes de Philippes-le-Bel, appellées communément *la Charte Philippine*. L'Appellant pouvoit ajouter l'Edit de Louis XIV. pour le rétabliſſement de l'étude du Droit Civil; il n'en auroit pas recueilli plus de fruit. Jean Comte de Mâcon, & Alixe ſa femme, vendent ce Comté au Roi S. Louis pour 10000 livres d'argent, & 1000 livres de rente : ils ſtipulent que les Peuples du Mâconnois continueront d'être régis par le Droit Ecrit. Philippes-le-Bel dans ſes Lettres Patentes de 1307, dit que les affaires de ces Provinces ſeront jugées dans les Tribunaux ſelon le Droit Civil : *Terminabuntur dicta cauſa ſecundùm Civilia Jura, finieturque inſtantia prout dictant Civilia Jura, & ſuper hoc ſervari volumus Civilia Jura ſcripta.* Mais ni Philippes-le-Bel, ni Jean Comte de Mâcon, ni Louis XIV. ne diſent que ce ſera par le Droit Ecrit de Juſtinien, qui étoit à peine connu du tems des premiers. Ils diſent en général *par le Droit Ecrit*, c'eſt-à-dire par tout ce qui entre dans sa composition, & par les usages qui en dérivent. Bien plus, on voit par les Lettres Patentes de Philippes - le - Bel de 1312, données pour l'etablissement de l'Université d'Orleans, qu'en même tems que nos Rois permettoient d'enseigner ce Droit, ils défendoient de le citer pour Loy. Ils n'en permettoient l'étude, comme Philippes - le - Bel s'en explique, que par ce qu'ils trouvoient que les préceptes du Droit Romain pouvoient servir à éclairer la raison, & à regler les mœurs ; que parce qu'ils pouvoient donner la science nécessaire pour bien administrer la justice, *& une espece d'intelligence des Coutumes.... Legum & Juris scripti dogmata proficiunt intellectui, rationi, ac mores dirigunt, doctrinam præstant exequendæ justitiæ, necnon præparant ad consuetudinum intellectum.* Et si l'on a enseigné depuis dans les Ecoles publiques le Code & les autres Livres de Justinien, si les Magistrats dans les Tribunaux ne sont examinés que sur ce Droit, ce n'est pas qu'il ait dérogé aux compilations qui l'ont precedé, ou qu'il les ait abrogées ; nous n'avons aucune Loy en France qui le dise, & c'est ce qu'il faudroit que l'on nous rapportât : mais c'est que la compilation de Justinien est la plus exacte & la plus complette, & qu'il est aisé d'y suppléer ce qui y manque selon nos mœurs.

Diploma Philippi Pulchr. ann. 1312. pro studio aurelian.

Bien loin que l'on puisse nous opposer quelque Loy du Royaume, qui ait proscrit le Code Théodosien en géneral, & la Novelle 4. en particulier ; sans compter les Capitulaires de nos Rois de la premiere & de la seconde Race, sans compter les Loix des Visigoths & des Bourguignons, que nous avons rapportées, & qui adoptent en géneral le Code de Theodose, & en particulier la Novelle 4. nous pourrions en citer un nombre infini parmi les modernes, qui ont canonisé des Loix de ce Code omises dans les Livres de Justinien : & pour nous renfermer dans notre espece, nous avons l'Edit de 1629, donné par Louis XIII. séant au Parlement. Cet Edit porte à l'article 126, *que les Testamens olographes ecrits & signés de la main du Testateur seront valables par tout le Royaume, sans qu'il soit besoin de plus grande solemnité, &c....* Cet Edit donné depuis l'Arrêt de 1626, dont nous parlerons, étend à tout le Royaume géneralement & indistinctement la Novelle de Valentinien ; & si la Cour s'en est écartée en quelque point, les maximes qu'elle s'est faites, & la Jurisprudence constante qui y est observée, prouvent que ce n'est point en ce qui concerne les Testamens olographes.

Une maxime reçûe en la Cour, c'est que les Testamens olographes sont autorisés dans tous les Pays de son ressort, tant du

Droit Ecrit, que de Coutumes. M. de la Moignon, qui portoit
la parole dans la caufe des Rougeaults, en qualité d'Avocat Géneral, a confacré cette maxime au Barreau, il nous l'a prefcrite
comme une regle invariable; & lorfqu'il fut à la tête du Parlement, il eut grand foin de l'inferer dans fes arrêtés.

Une autre maxime auffi certaine, & qui dérive naturellement
de la premiere, c'eft que la Cour admet les Teftamens olographes, non-feulement dans les Coutumes qui n'en parlent pas,
mais encore dans celles qui n'y font pas directement contraires,
& qui ne les rejettent pas expreffément. C'eft le Droit commun
de la France coutumiere, & c'eft ce que la Cour a jugé le 3 0 Avril
1 6 2 5, dans la Coutume d'Angoulême, à l'Audience de la Chambre de l'Edit, quoique l'article 1 1 2 de cette Coutume porte, *qu'a-
vant qu'un Teftament foit reputé bon & valable, il faut qu'il foit écrit &
figné en prefence de deux témoins.* M. l'Avocat Géneral Talon, qui
portoit la parole dans cette caufe, avança comme une regle
conftante, ,, que les Teftamens olographes etoient exemts des for-
,, malités ordinaires ; que la Coutume d'Angoulême n'avoit pas
,, voulu parler des Teftamens olographes, quand elle avoit re-
,, quis la folemnité de deux Témoins ; qu'autrement elle auroit
,, été en contradiction avec elle-même, puifqu'un Teftament écrit
,, & figné en préfence de Témoins n'eft plus un Teftament olo-
,, graphe. Il ajouta qu'il étoit d'ailleurs néceffaire d'admettre cette
,, forme de tefter ; que dans ce Teftament nous confignions nos
,, plus importantes penfées que nous n'avions voulu confier à per-
,, fonne ; qu'ainfi quand les Coutumes requeroient des formes dans
,, les Teftamens, cela ne devoit point s'entendre des Teftamens
,, olographes ,,. Il cite en finiffant, pour confirmer fon opinion,
plufieurs Arrêts qui l'avoient jugé de la forte.

Ce que M. Talon a dit pour toutes les Coutumes en géneral,
& en particulier pour la Coutume d'Angoulême, qui, ainfi que
le Droit de Juftinien, prefcrit indifpenfablement la formalité des
témoins : ce que la Cour a jugé pour toutes ces Coutumes en général, & pour la Coutume d'Angoulême en particulier, nous
pourrions le dire par une parité, une identité de principes &
de raifons, pour tous les Pays du reffort de la Cour qui fe régiffent par le Droit Ecrit, fi nous avions befoin d'un pareil moyen
après les preuves folides tirées de l'ufage & de la Loy que nous
avons rapportées. Le Droit Ecrit dans ces Provinces ne peut affurément être confideré que comme Coutume, comme Loy municipale, & en ce cas la maxime de la Cour ne fçauroit varier.

Ricard, n. 1491.

Le Procès-ver-
bal de l. Coutu-
me d'Angou ême
porte que dans
les cas obmis on
fe reglera par le
Droit Ecrit.

La formalité des témoins, & les autres folemnités que le Droit de Juftinien preferit pour les Teftamens nuncupatifs & publics, ne fçauroient s'entendre des Teftamens olographes, fans mettre ce Droit en contradiction avec lui-même ; puifqu'un Teftament myftique, un Teftament nuncupatif fait en préfence de témoins, n'eft plus un Teftament olographe ; puifqu'il eft certain que la Loy municipale n'eft point contraire au Teftament olographe, & qu'elle ne le rejette pas expreffément : auffi la Cour l'a-t-elle jugé dans toutes les occafions qui s'en font préfentées : on n'a qu'à ouvrir nos Livres pour s'en convaincre.

En 1601 la queftion s'eft préfentée en   & la Cour, par fon Arrêt du 24 Juillet, a déclaré la forme du Teftament olographe bonne & valable dans les Pays du Droit Ecrit ; d'où M. l'Avocat Géneral Talon, dans l'Arrêt du 30 Avril 1625, dont nous venons de parler, ne fit pas difficulté de conclure que la Cour par cette prononciation avoit approuvé cette forme de difpofer pour tous les lieux de fon Reffort.

En 1607 la queftion s'eft préfentée en même tems, & pour le Berry régi par une Coutume qui n'admet ni ne rejette expreffément le Teftament olographe, & pour la ville de Lyon qui fuit le Droit Romain ; cependant la Cour par fes deux Arrêts, l'un du   l'autre du 27 Août, a également autorifé ce Teftament dans ces deux Provinces.

En 1649 le 17 Août, & en 1651 le 27 Janvier, Arrêts rendus en la Chambre de l'Edit, qui confirment deux Teftamens olographes faits dans la ville de Clermont, & dans la ville de Saint-Flour ; la premiere fituée dans la baffe Auvergne, mais régie par le Droit Ecrit ; la feconde fituée dans la haute Auvergne, qui obferve en géneral le même Droit ; & ce qu'il eft important de remarquer, l'Arrêt rendu pour Saint-Flour porte qu'il fera lû, publié, & regiftré, l'Audience tenante, & envoyé aux Sieges & Juftices fubalternes.

En la même année 1651 nous trouvons un Arrêt précifément dans notre efpece pour la Province du Mâconnois. Le Juge de Cluny avoit ordonné l'exécution d'un Teftament olographe fait par un nommé *Anyme*, Procureur de fa Juftice, fondé (porte la Sentence) fur la foi publique de l'Ordonnance de 1629, qui avoit été envoyée dans tous les Sieges du Reffort, ainfi qu'il eft écrit fur les Regiftres de la Cour. Appel de cette Sentence ; la Cour par l'Arrêt du 4 Mars, met l'appellation au néant, & confirme la Sentence du Juge de Cluny.

La

La même chofe a été jugée le 20 Juillet 1652, & le 25 May 1655, pour la ville d'Aurillac, dans la haute Auvergne, & pour la ville de Toul, dans la Lorraine.

En 1695 & en 1705 deux Arrêts rendus pour la ville de Lyon. Le premier, du mois de Décembre, confirme le Teftament olographe de Rougeault, Notaire, qui avoit inftitué les Hôpitaux de la Ville heritiers pour les deux tiers de fes biens, & fes deux enfans pour un tiers feulement, c'eft-à-dire qui les avoit réduits à la fimple légitime, qui eft du tiers dans les Pays de Droit Ecrit. Le fecond, du mois d'Août, confirme le Teftament olographe d'une tante, fait au profit de quelqués-uns de fes herititiers préfomptifs, au préjudice de fes autres heritiers au même degré. C'eft à cette occafion que M. de la Moignon, alors Avocat Géneral, établit pour maxime la validité des Teftamens olographes dans toute l'étendue du Reffort de la Cour, tant des Pays de Droit Ecrit, que des Pays de Coutumes.

Enfin l'Arrêt qui mérite ici une attention finguliere, & que l'Intimée préfente comme ayant jugé la queftion, c'eft celui du 24 Juillet 1676. Le fieur Demeaux, Bourgeois de la ville de Mâcon, avoit fait un Teftament olographe, par lequel il inftituoit un étranger pour fon heritier au préjudice de fes enfans. Il s'éleva après fon décès une grande conteftation fur ce Teftament entre les enfans & l'heritier inftitué, qui fut d'abord portée devant les Juges du Bailliage de Mâcon. Ces premiers Juges, malgré la faveur que méritoient les enfans, n'héfiterent pas à confirmer le Teftament du fieur Demeaux, parce que la Juftice ne fait acception de perfonne, & qu'elle fe détermine par des principes fûrs & invariables. La Cour, fur l'appel interjetté de la Sentence des Juges du Bailliage de Mâcon, canonifa leur Jugement par fon Arrêt.

L'ufage, les Loix publiques & particulieres de la Province, les maximes & la Jurifprudence de la Cour, la faveur de l'acte & de la perfonne rétablis, il ne nous refte qu'à détruire fous la troifiéme propofition les fauffes conféquences que l'Appellant a crû pouvoir tirer des trois Arrêts qu'il nous oppofe.

TROISIEME PROPOSITION.

Ces Arrêts n'ont rien décidé contre les Teftamens olographes, même dans les Provinces pour lefquelles ils ont été rendus, à plus forte raifon dans les Provinces pour lefquelles ils ne l'ont pas été.

E

Dans l'Arrêt de Perret du 30 Avril 1626 pour le Forest, il ne s'agiſſoit pas d'un Teſtament purement olographe, mais d'un Teſtament partie olographe & partie myſtique ou ſecret, & dès-là d'un Teſtament qui n'étoit ni olographe ni ſecret. Dans l'Arrêt du 20 Août 1725 pour le Beaujollois, il s'agiſſoit bien à la vérité d'un Teſtament olographe, mais d'un Teſtament dont on ne put prouver ni l'uſage, ni l'autorité dans cette Province, moyen qui prévalut aſſurément, & détermina la déciſion de la Cour. Enfin dans l'Arrêt de 1737 rendu pour le Mâconnois, au rapport de M. l'Abbé Pucelle, il ne s'agiſſoit point du tout d'un Teſtament, mais d'un acte informe & preſqu'inintelligible écrit & ſigné de la main du ſieur Barignot, Curé de S. Gengoux ; c'eſt ce qu'il nous ſera facile d'établir par les pieces mêmes qui nous ſont oppoſées.

L'Appellant, qui rapporte à ſa maniere l'eſpece de l'Arrêt de 1626, nous annonce que quoiqu'il ſe trouve au Journal des Audiences, il aura ſoin d'en lever une expédition en forme, & de la mettre ſous les yeux de la Cour, pour parer, dit-il, à toute ſorte de contradiction, pour aſſurer l'autenticité de la queſtion jugée par cet Arrêt, & la certitude du Reglement qui proſcrit, ſelon lui, les Teſtamens olographes dans les Pays du Droit Ecrit, & confirme la diſpoſition des Loix civiles. On l'invite à tenir ſa promeſſe, ou l'Intimée la tiendra pour lui, s'il y manque, & la Cour verra dans cette expédition qu'il n'a pas poſé l'eſpece de l'Arrêt de 1626 avec toute l'exactitude qu'il devoit.

Jean Perret, habitant de Saint-Etienne de Furan en Foreſt, avoit fait le 9 Octobre 1598 ſon Teſtament en préſence d'un Notaire & de ſept témoins, & par ce Teſtament il avoit inſtitué heritier Charles Ravachol, ſon frere uterin. Au mois de May 1610 Jean Perret fit un ſecond Teſtament par lequel il inſtituoit heritier Antoine Perret, ſon couſin germain. Ce dernier Teſtament n'étoit point purement olographe, & fait ſans le concours des témoins, comme l'expoſe l'Appellant, il étoit écrit & ſigné de la main du Teſtateur, & il étoit olographe en cela ; mais le Teſtateur l'avoit préſenté clos & cacheté à un Notaire *& à cinq témoins*, & par-là l'acte avoit ceſſé d'être olographe, & étoit devenu ſolemnel. Le 25 Juillet 1623 il fit un Codicile, par lequel il confirma ſon Teſtament *ſolemnel* du mois de May 1610; *ſon Teſtament ſolemnel*, ces mots doivent être remarqués. Dans cet état grande conteſtation après le décès de Jean Perret, qui ſuivit de près le Codicile, entre le frere uterin, heritier inſtitué par le Teſtament public de 1598, & le couſin germain, heritier inftitué par le Teftament *folemnel* de 1610, pour fçavoir à qui & en vertu de quel titre la fucceffion feroit déférée. Le frere uterin foutint, il eft vrai, & devant les Juges de Montbrifon où la caufe fut d'abord plaidée, & en la Cour, que le Teftament du 9 Mars 1610 ne pouvoit pas valoir comme Teftament olographe, parce que ces Teftamens n'étoient pas reçûs, n'étoient pas d'ufage dans le Foreft ; mais il n'infifta pas long-tems fur ce point de fait : fon grand moyen, fon moyen décifif, comme l'obfervent tous les Arrêtiftes qui nous ont confervé l'efpece de cet Arrêt telle que nous venons de la pofer, fut de dire que ce Teftament ne pouvoit pas fe foutenir par trois raifons également folides. La premiere, qu'il ne pouvoit pas fe foutenir comme Teftament olographe, parce que le Teftateur l'avoit fait reconnoître par un Notaire & par cinq témoins, parce qu'il l'avoit qualifié de *Teftament folemnel* dans le Codicile de 1623, & qu'il avoit fuffifamment déclaré par-là que ce n'étoit pas un Teftament olographe qu'il avoit prétendu faire. La feconde, qu'il ne pouvoit pas non plus fe foutenir comme Teftament folemnel, parce qu'il n'y avoit que cinq témoins, & que les Loix civiles en demandent fept : enfin, qu'il ne pouvoit pas valoir dans l'une & l'autre forme, parce qu'on ne connoît pas en nos mœurs ces Teftamens amphibies également imparfaits dans l'un & l'autre genre. Chopin, Auzanet, & Ricard le décident formellement, même pour la Coutume de Paris. Les termes & les raifons dont ils fe fervent méritent d'être mis fous les yeux de la Cour.

Tum enim, dit Me René Chopin, *recognitionis modo teftamentaria fidem facit fubfcriptio Notarii, non Teftamenti quidem abfenti eo prius confcripti : quod plane imperfectum erat, nec pure olographum moribus noftræ hujus civitatis.* La foufcription du Notaire ne fait pas foi dans un Teftament rédigé en fon abfence ; ce Teftament eft abfolument imparfait, & n'eft point purement olographe, felon les mœurs de notre Ville. Pourquoi? parce qu'ajoute Me René Chopin, ces deux formes employées pêle mêle dans un feul acte, étant l'une & l'autre imparfaites, ne fçauroient former un acte parfait. *Unico namque actui duplex adhibita permixtim folemnium formula, fed imperfecta utraque, non conftituit actum perfectum.*

De morib. Parifior. lib. 2. tit. 4 n. 4. in fine.

Un même Teftament, dit Barthelemy Auzanet fur l'article 286 de la Coutume de Paris, ne peut être en partie olographe, & en partie reçû devant le Curé ou Notaire, ou devant des témoins ; *le Teftateur eft obligé de fuivre pour fa difpofition entiere l'une des deux formes preferites.*

Des Donat. 1.
part ch., sect. 9.
n. 1609.

Les termes de Ricard sont encore plus positifs. On peut avancer pour une maxime générale, dit cet Auteur, qu'il est nécessaire que le Testament soit parfait en la forme en laquelle le Testateur a commencé à disposer, & quoique cet acte ait des solemnités suffisantes pour valoir en une autre forme permise par la Loy ou par la Coutume, *il ne laissera pas de demeurer sans effet, s'il n'est accompagné de celles qui sont requises pour l'accomplissement de l'espece du Testament en laquelle il a voulu disposer.* C'est la décision, ajoute Ricard, de la Loy derniere au Code *de Codicil.* de la Loy 19 *au Code de Fidei-com.* & du §. dernier aux Instituts *de Fidei-com. hæredit.* Il cite plusieurs Arrêts qui ont jugé conformément à ces Loix.

En un mot, cela est fondé sur la Novelle de Valentinien même, qui, en adoptant le Testament olographe, dit bien qu'il n'est pas nécessaire d'y appeller des témoins, mais qui veut que si on en appelle, on en appelle le nombre requis par les anciennes Loix. *Si olographá manu Testamenta condantur, testes necessarios non putamus ; cum tamen testium præsentiam Testator elegerit, legitimum numerum, id est,* comme l'explique Cujas, *septem testium, semper oportebit adhibere.* Et Cujas consulté sur un Testament olographe, décide, suivant cette Loy, qu'il n'est pas valable, parce que le Testateur avoit déclaré à la fin qu'il le feroit reconnoître devant des témoins.

Consult. 55.

Quod dicitur in Novella Valentiniani in olographo Testamento testes non esse necessarios, hoc ita verum est, nisi Testator præsentiam testium elegerit, quam utique elegisse eum ex eo apparet quod signa testium, quos post nominaret, se adhibiturum scripserit.

Ainsi lorsque la Cour jugea en 1626 que le Testament du 9 Mars 1610 étoit nul, lorsqu'elle préfera le Testament du 6 Octobre 1598, passé devant Notaires & en présence de sept témoins, elle ne fit que préférer un Testament parfait dans sa forme à un Testament imparfait ; elle ne fit que rejetter un Testament qui ne pouvoit valoir ni comme olographe, ni comme solemnel ; elle ne fit, suivant l'observation de M. Bouguier qui étoit Rapporteur du procès, de Me Claude Henrys qui avoit plaidé la cause au Bailliage de Montbrison, & de Me Jean Dufrêne, elle ne fit qu'anéantir la derniere volonté d'un homme qui avoit fait ce qu'il ne pouvoit pas, & qui n'avoit pas fait ce qu'il pouvoit ; qui étoit plûtot censé

L. Si quis ff. de
Test.

avoir voulu faire un Testament, que l'avoir fait effectivement. *Quod potuit noluit, & quod voluit non potuit,* disent-ils. M. Bouguier en fait l'application en ces termes : *Jean Perret pouvoit faire un Testament olographe sans appeller de témoins, il ne l'a pas voulu, puisqu'il*

*a appellé un Notaire & cinq témoins ; il a voulu faire un Teſtament ſo-
lemnel avec cinq témoins, il ne l'a pas pû, puiſque la Loy en veut ſept.*
Ainſi la Cour n'a pas jugé que le Teſtament olographe n'avoit pas
lieu dans le pays de Foreſt, puiſqu'il ne s'agiſſoit pas d'un Teſtament olographe : & lorſqu'elle a ordonné que l'Arrêt ſeroit lû &
enregiſtré au Siége de Montbriſon, lorſqu'elle a enjoint à ceux
du pays de Foreſt de teſter ſelon les formes du Droit Ecrit, elle
n'a pas prétendu ôter aux Peuples de cette Province la liberté
de diſpoſer ou par un Teſtament olographe, ou par un Teſtament
nuncupatif, ou par un Teſtament ſolemnel ; elle leur a conſervé
cette liberté toute entiere ; & elle n'a prétendu leur preſcrire autre choſe que d'obſerver religieuſement la forme de diſpoſer qu'ils
auront une fois choiſie. S'ils ont choiſi le Teſtament olographe,
la Cour leur enjoint de n'y point mêler des formalités preſcrites
pour les autres Teſtamens. S'ils ont choiſi le Teſtament nuncupatif ou ſolemnel, la Cour leur enjoint d'y obſerver exactement
les ſolemnités requiſes par ce Droit. C'eſt dans ce ſens qu'on doit
entendre la défenſe de la Cour, & c'eſt dans ce ſens que Me Claude Henrys a loué l'équité de ſon Jugement. Ajoutons que la déciſion de la Cour pouvoit être encore fondée ſur la faveur de la
perſonne. La Cour préféroit par ſon Arrêt un frere urerin à un
couſin germain, un heritier préſomptif à un homme qui n'étoit
point appellé à la ſucceſſion de Jean Perret s'il étoit mort *inteſtat*,
& que les Loix civiles, ſelon la remarque de Domat, auroient   Loix civ. liv. 4,
même préferé dans le doute, quand il n'auroit eu en ſa faveur   des ſucc. p. 306.
qu'un acte imparfait. *Eo enim caſu licet imperfecta videatur ſcriptura*   L. 11. § 3. Cod.
poſterior, infirmato priore Teſtamento, ſecundùm ejus voluntatem non   de Teſtament.
quaſi Teſtamentum, ſed quaſi voluntatem ultimam inteſtati valere ſan-   L. 2. ff injuſt.
cimus. Que ne peut-on pas dire lorſque l'acte eſt parfait, & que   rupt. irr. f. Teſt.
les formalités, dont on nous peint le Droit Romain ſi jaloux,
y ſont ſcrupuleuſement gardées ?

En 1725 il s'agiſſoit à la vérité d'un Teſtament olographe,
mais d'un Teſtament olographe fait dans un lieu où cette forme
de teſter n'eſt pas d'uſage.

Louis Deſpinay, Conſeiller au Bailliage de Ville-franche, avoit
inſtitué Magdeleine Thiberte Grumel ſa femme ſon heritiere univerſelle par un Teſtament écrit & ſigné de ſa main ; il n'y avoit
appellé ni témoins, ni Notaire, & il l'avoit confirmé depuis par
un Codicile. La veuve Deſpinay en vertu de ce Teſtament & de ce
Codicile demanda après le décès de ſon mari d'être envoyée en
poſſeſſion des biens de ſa ſucceſſion. Leonard Deſpinay, frere du

Teftateur, s'oppofa à cet envoi en poffeffion. Il attaqua le Teftament de nullité, d'abord en la premiere Chambre des Requêtes
du Palais où la veuve avoit fes caufes commifes, & où l'affaire fut
plaidée folemnellement en premiere Inftance, & enfuite en la
Cour où elle fut appointée & traitée de part & d'autre avec toute
la force & toute la fagacité poffible. Nous conviendrons que le
Teftament olographe fut profcrit, & par la Sentence des Requêtes du Palais, & par l'Arrêt qui intervint fur l'appel de cette Sentence. Mais pourquoi fut-il profcrit? parce que la veuve Defpinay
n'en put pas prouver l'ufage dans le Beaujollois. Le défenfeur de
Leonard Defpinay ne foutenoit pas en géneral, comme le fait
celui de l'Appellant, que les Teftamens olographes n'étoient pas
reçus dans le pays de Droit écrit du Reffort de la Cour; il fe ren-
fermoit dans la thefe particuliere, & il foutenoit qu'ils n'étoient
pas reçus dans le Beaujollois. Lorfque la veuve Defpinay lui oppofoit des actes de notorieté de l'Auvergne & du *Màconnois*, il
répondoit que dans le Màconnois & dans l'Auvergne on n'obfer-
voit pas exactement le Droit de Juftinien. Il citoit pour le prouver les exemples de la communauté conjugale & du retrait lignager, & il avouoit que les Teftamens olographes avoient lieu dans
ces Provinces. Lorfque la veuve Defpinay lui oppofoit un acte de
notorieté émané de quelques Officiers du Bailliage de Villefranche, lorfqu'elle vouloit tirer avantage des certificats de quelques
Châtelains de la Province; le défenfeur de Leonard Defpinay oppofoit pour réponfe Villefranche à Villefranche, le Beaujollois
au Beaujollois. Il rapportoit un acte de notorieté tout contraire,
donné par les principaux Officiers du Bailliage; il fe réuniffoit aux
Syndics de la Province qui étoient intervenans dans le Procés, &
il foutenoit avec eux, que le Droit Romain & fpécialement le
Code de Juftinien y étoient obfervés; qu'à la forme de ce Code on
n'admettoit que les Teftamens nuncupatifs & folemnels, revêtus
des folemnités prefcrites par la Loy *hac confultiffima*, & que les
Teftamens olographes n'y étoient admis *qu'en faveur des enfans &
de la caufe pie.* Dans cette contrarieté d'opinions, rien de moins
certain que l'ufage des Teftamens olographes que le défenfeur
de la veuve Defpinay vouloit établir, & qu'il auroit établi fi la
chofe avoit été poffible : mais tandis que Me Bretonnier, qui écrivoit dans le Procès pour la veuve Defpinay, & qui a donné un
fçavant Mémoire dont j'ai tiré de grandes lumieres, étoit obligé
d'en revenir toujours à la thefe génerale, & de foutenir que les
Teftamens olographes devoient être admis dans les pays régis

par le Droit écrit; & fur-tout dans ceux qui relevent leurs appels en la Cour; le défenfeur de Leonard Delpinay le ramenoit fans ceffe à la thefe particuliere, & prouvoit que ces Teftamens n'étoient point reçus dans le Beaujollois : de forte que la Sentence des Requêtes du Palais; & l'Arrêt de la Cour, comme nous l'avons annoncé, n'ont pas profcrit un Teftament qui fût d'ufage dans le Beaujollois, mais un Teftament qui n'y étoit pas d'ufage, & contre lequel ce qu'il y avoit de plus confiderable dans la Province, les Syndics du Beaujollois, les principaux Officiers du Bailliage de Villefranche s'étoient élevés.

Suppofons cependant pour un moment que la Cour par l'Arrêt de 1626 & par celui de 1725 ait véritablement profcrit les Teftamens olographes dans le Foreft & dans le Beaujollois; qu'elle ait voulu faire un Reglement : ce fera affurément un Reglement particulier pour ces Provinces qui ne s'étendra point au de-là de leur territoire, & que l'on n'appliquera pas au Mâconnois pour lequel il n'a point été fait. Quand l'intention de la Cour eft de faire un Reglement général, elle ordonne que l'Arrêt fera publié & enregiftré dans tous les Siéges de fon Reffort. Quand fon intention, comme dans l'efpece de ces Arrêts, n'eft que de faire un Reglement particulier, elle ordonne que l'Arrêt fera lû, publié, & enregiftré dans le Siége feulement pour lequel il eft intervenu. Ce qui devient certain dans notre efpece, fi l'on confidere ce nombre infini d'Arrêts rendus depuis 1626 pour le Lyonnois, l'Auvergne, le Mâconnois; notamment l'Arrêt de 1651 qui confirme un Teftament olographe fait dans la Ville de S. Flour en Auvergne, régie par le Droit écrit, & qui porte qu'il fera lû, publié & enregiftré au Bailliage de S. Flour; & les Arrêts de 1651 & de 1676 qui confirment des Teftamens olographes faits dans la Ville de Cluny & *dans la Ville de Mâcon. Ce* qui devient certain fi l'on confidere l'Arrêt même de 1737 dans lequel l'Appellant femble mettre fa derniere reffource.

Cet Arrêt rendu fur l'appel d'une Sentence du Bailliage de Mâcon du 10 Janvier 1733, n'a point rejetté l'écrit du fieur Barignot, Curé de S. Gengoux, parce qu'il étoit olographe, mais parce que ce n'étoit pas un Teftament. Les Juges du Bailliage de Mâcon à qui on avoit préfenté cet écrit comme un Teftament olographe, & devant qui on n'avoit point agité la queftion de fçavoir fi dans le pays de Droit écrit il pouvoit y avoir de Teftament *fans inftitution d'heritier*, l'adopterent par leur Sentence, fondés fur l'ufage, fur la Loy, fur la faveur de ces actes. Ce défaut d'*inftitution*

* Mᵉ Carfillier. *d'heritier* n'échappa point au * défenseur qui fut chargé de la cause sur l'appel. Il traita la question de sçavoir si les Testamens olographes avoient lieu dans les pays de Droit écrit du Ressort de la Cour ; & il eut grand soin de traiter en même-tems la question du Testament *sans institution d'heritier*, & d'établir que l'institution d'heritier étoit la base, le fondement de tout le Testament, qu'il en recevoit son être & sa force, & qu'un Testament où il n'y avoit point d'heritier institué étoit un acte inutile qui s'écrouloit de lui-même ; il eut grand soin de faire voir que l'écrit informe & inintelligible du sieur Barignot étoit un acte de cette qualité, dans lequel le sieur Barignot disposoit de quelques effets, mais dans lequel il ne se trouvoit aucun heritier institué, & dès-là un acte nul qui ne pouvoit pas être regardé comme un Testament. Ce fut ce moyen qui porta la Cour à infirmer la Sentence, & à déclarer le Testament *nul & de nul effet* : & il est si vrai que la Cour ne prétendit point décider la question des Testamens olographes dans le Mâconnois, qu'elle se contenta de prononcer purement & simplement la nullité de l'acte, sans faire ce qu'elle avoit fait en 1626 & en 1725, c'est-à-dire, sans rejetter ce Testament *comme non revêtu des formalités prescrites par le Droit écrit*, sans ordonner la lecture & l'enregistrement de l'Arrêt au Bailliage de Mâcon qui l'avoit adopté comme Testament olographe : la Cour se contenta simplement de déclarer que ce n'étoit point un Testament.

L'INTIME'E se flatte d'avoir satisfait par ces réponses aux difficultés de l'Appellant, & on ne croit pas qu'il lui puisse rester le moindre doute sur la validité des Testamens olographes dans les pays de Droit écrit du Ressort de la Cour, & sur-tout dans le Mâconnois. Un usage constant & immémorial, fondé sur la Loi municipale de la Province, autorisé par les Loix de l'Etat, confirmé par les maximes & par la Jurisprudence du Tribunal supérieur où la contestation est pendante, & qui en doit décider souverainement, sera jugé selon ces Loix, ces maximes, cette Jurisprudence, & non pas selon l'interêt d'un collateral avide, qui voudroit envahir la succession de Jean-Louis Michaud, lui qui n'y a d'autres droits que ceux que le hasard donne, & en priver une veuve qui y a contribué de son bien, de ses soins, de son travail, & à qui elle appartient à titre de dette & de reconnoissance.

L'Appellant trouvera peut-être que l'on n'a pas répondu précisément & mot pour mot à chaque autorité, à chaque objection ; mais outre que nos preuves contiennent assurément des réponses

solides,

folides, & que c'eft avoir répondu à tout que d'avoir établi l'ufa‑
ge des Teftamens olographes dans le Mâconnois ; comme la plu‑
part de ces objections font faites d'avance à des moyens qu'il a
devinés & peu examinés, pour peu qu'il y infifte, nous y repon‑
drons d'une maniere propre à le fatisfaire. S'il perfifte, par exem‑
ple, à vouloir faire rejetter tous les Arrêts émanés de la Cinquié‑
me Chambre des Enquêtes, uniquement parce qu'ils viennent de
cette Chambre, s'il continue à nous la reprefenter comme animée
d'un efprit de fchifme & de divifion ; il nous fera aifé de rétablir
l'équité des Jugemens de cette Chambre fur les autres Jugemens
de la Cour, d'en faire fentir la conformité, & l'indécence qu'il y a
de s'élever contre les Jugemens d'une Chambre qui en fait une
portion fi refpectable, uniquement parce qu'ils ne font pas en no‑
tre faveur. S'il infifte fur les autorités de l'Auteur des Loix Civi‑
les, de Bafnage, de M. Bouguier ; il nous fera aifé de mettre ces
Auteurs en oppofition avec eux-mêmes, de faire voir qu'ils n'ont
parlé qu'en général & fans application à notre queftion, & que
lorfqu'ils ont été obligés de s'expliquer fur la thefe particuliere,
ils l'ont fait comme nous. Enfin s'il perfifte à s'appuyer de la ré‑
tractation de Me Claude Henrys, s'il continue à conclure de l'Ar‑
rêt de 1725, par un efprit de divination, que Me Bretonnier qui
embraffe fi ouvertement, fi abfolument dans fes obfervations le
fentiment de la validité des Teftamens olographes, fe feroit ré‑
tracté de même, s'il n'eût point été enlevé peu de tems après au
Public & au Barreau, & qu'il fe feroit élevé avec autant de force
pour en faire connoître la nullité, qu'il en avoit employé pour en
foutenir la validité ; il nous fera aifé de le convaincre que fi M^e
Claude Henrys s'eft retracté dans le premier volume de fes œu‑
vres fur l'Arrêt de 1626, il eft bientôt revenu à fon fentiment
après avoir examiné plus mûrement cet Arrêt & avoir reconnu
qu'il ne s'y agiffoit pas d'un Teftament olographe. A l'égard de
Me Bretonnier, il auroit pu changer d'opinion par rapport au Beau‑
jollois où l'ufage des Teftamens olographes qu'il defendoit ne fe
trouvoit point établi ; mais il étoit trop inftruit des regles & des
principes pour en changer par rapport aux autres Provinces du
Droit écrit du Reffort de la Cour, & fur-tout par rapport au Mâ‑
connois où nous avons établi cet ufage depuis les Romains & la
fondation de la Monarchie, & où il a été confirmé en particulier
par deux Arrêts de la Cour, les Arrêts de 1651 & de 1676 qui
ont jugé notre queftion *in terminis*, & dans des circonftances moins
favorables affurément. L'Arrêt de 1676 confirme un Teftament

olographe fait dans la Ville de Mâcon au profit d'un heritier étranger, & au préjudice des enfans du Teſtateur qui en conteſtoient la validité.

Le 27 Août 1740 Arrêt en la Grand'-Chambre au Rapport de M. Fornier de Montagny, qui a mis l'appellation au néant, ordonné l'exécution de la Sentence du Bailliage de Mâcon du 7 Juin 1738, & condamné l'Appellant en l'amende & aux dépens. La Sentence ordonnoit l'exécution du Teſtament olographe de Jean-Louis Michaud, & mettoit définitivement la veuve Michaud, heritiere inſtituée, en poſſeſſion des biens.

Mᶜ DE SOZZY, Avocat.

Chez LE BRETON petit-fils D'HOURY, Libraire-Imprimeur ordinaire du Roy, rue de la Harpe, au St Eſprit, 1743.